Eduard Seler

Die Ruinen von Uxmal

Verone

Eduard Seler

Die Ruinen von Uxmal

1st Edition | ISBN: 978-9-92500-091-3

Place of Publication: Nikosia, Cyprus

Erscheinungsjahr: 2016

TP Verone Publishing House Ltd.

Nachdruck des Originals von 1917.

Eduard Seler

Die Ruinen von Uxmal

Verone

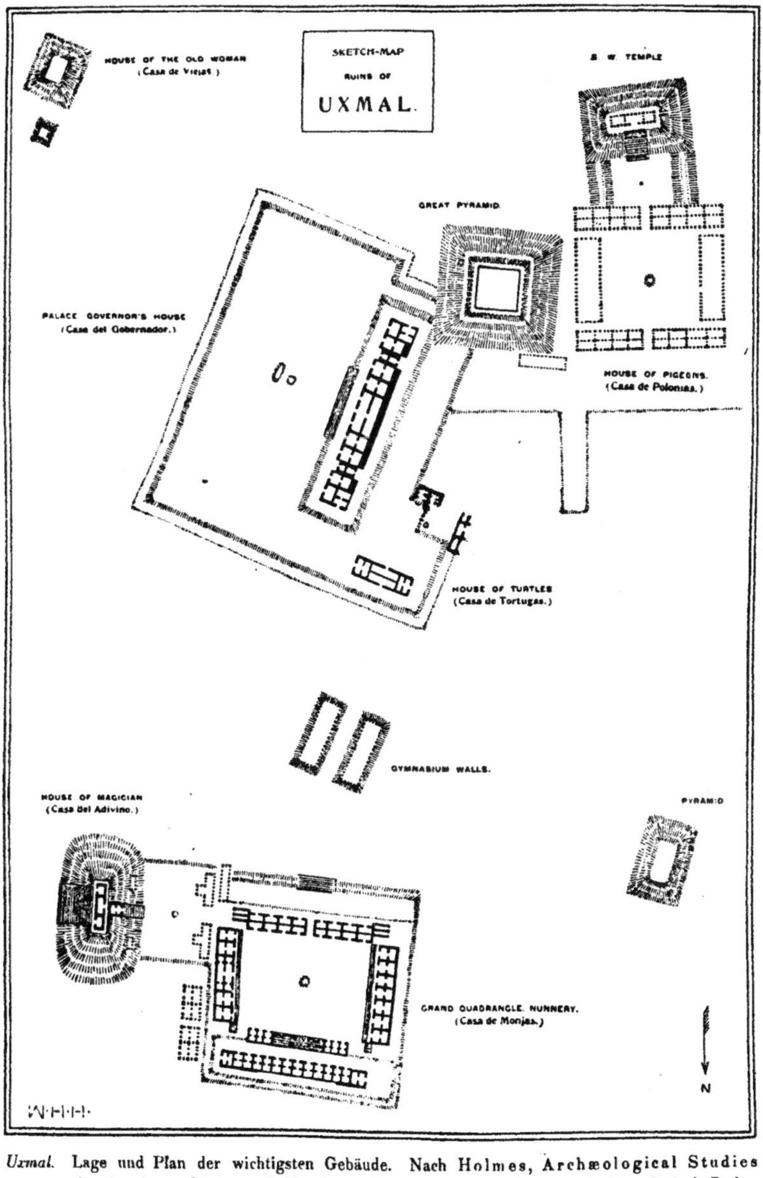

Uxmal. Lage und Plan der wichtigsten Gebäude. Nach Holmes, Archæological Studies among the Ancient Cities of Mexico. Field Columbian Museum, Anthropological Series, Publication 8, Vol. I, No. 1. Part I Monuments of Yucatan. Plate VIII. Chicago U. S. A. December 1895. (Vervollständigt.)

I. Geschichtliches und Allgemeines.

Wer auf der schmalspurigen Bahn in südlicher Richtung die Hauptstadt Mérida verläßt, sieht, wenn er sich dem Örtchen *Muna* nähert, aus der gleichmäßig mit Buschwald bewachsenen oder von Henequenpflanzungen eingenommenen Ebene einen Höhenzug auftauchen, der in gerader Richtung von Südosten nach Nordwesten verläuft. Das ist der östliche Rand des Hügellandes, das, etwa in der Gegend von *Maxcanú* beginnend und im Winkel auseinandergehend, den ganzen Raum zwischen *Maxcanú*, *Campeche* und der großen, zentral gelegenen Lagune *Chichan kanab* füllt. Bei dem Fehlen jeglicher größerer Gebirge scheinen schon diese geringen Erhebungen günstig auf den Regenfall und die sonstigen klimatischen Agenzien einzuwirken. Die Höhenzüge dieses Gebiets und die in ihnen eingesenkten Mulden und Täler weisen heute im Vergleich zu den vorgelagerten Ebenen eine stärkere und dichtere Bewaldung auf. In alter Zeit waren sie die Gegend stärkerer und dichterer Besiedelung. Die erste größere Mulde, zu der man, von *Muna* aus den Rand des Hügellandes überschreitend, gelangt, enthält die alte Ansiedelung von *Uxmal*, deren Bauwerke mit Recht zu den schönsten und jedenfalls am besten erhaltenen, die man in Yucatan kennt, gerechnet werden.

Von der Geschichte des Ortes wissen wir wenig oder nichts. Die Bücher des Chilam Balam schreiben seine Gründung den *Tutulxiu* zu, der Häuptlingsfamilie, die die Erben und in gewisser Weise die Nachfolger der Herrscher von *Mayapan* waren, und die zur Zeit der Conquista ihren Herrschaftssitz in dem Orte *Mani* hatten. Als Gründer von *Uxmal* nennen das Buch des Chilam Balam von *Mani* und das des Chilam Balam von *Titzimin* übereinstimmend einen Mann namens *Ah çui tok Tutulxiu*[1], und die Zeit der Gründung wird um zwei ganze Perioden von $13 \times 20 \times 360$ Tagen oder 256 Jahren und 146 Tagen vor das große Ereignis der yukatekischen Vorgeschichte, die Zerstörung von *Mayapan*, gesetzt. Dieses letztere Ereignis fiel, wie wir annehmen müssen, in das Jahr 1451 unserer Zeitrechnung[2]. So würden wir auf das Jahr 937 als die Zeit der Gründung von *Uxmal* kommen. Es versteht sich von selbst, daß Datierungen, die immer um ganze Perioden zurückgehen, sehr wenig Anspruch auf Glaubwürdigkeit machen können.

In den Büchern des Chilam Balam von *Mani*, in denen von *Titzimin* und in einer Liste des Chilam Balam von *Chumayel* wird ausdrücklich festgestellt, daß diese *Tutulxiu*-Fürsten von *Uxmal* 200 Jahre in Frieden lebten — *yetel u halach uinicil chi ch'en Itzá yetel Mayalpan* »mit dem Häuptlinge von Chich'en Itzá und mit Mayapan«.

Außer *Ah çui tok* nennen die Bücher des Chilam Balam nur noch einen *Tutul xiu Hun uitzil Chac*, Häuptling der Stadt *Uxmal*, in der Provinz *Mayapan*, dessen Priester namens *Ah Na Puc tun*, *Ah xupan Nauat* das »Buch der sieben Medizinen nach den Worten des Priesters *Ch'eel*, des ersten Sehers, niedergeschrieben habe[3]«. In der Relacion de *Teabo* endlich des Juan Bote vom Jahre 1581[4] wird derselbe *Hun uitzil Chac*[5] »Herr von *Uxmal*, einer sehr alten und durch ihre Bauwerke ausgezeichneten Stadt«, als aus *Mexico* stammend und als erster der *Tutulxiu* genannt und ihm die Erfindung des Ackerbaues, des Kalenders und der Hieroglyphenschrift zugeschrieben.

---

[1] Brinton, Maya Chronicles p. 96 und 140.

[2] Die Berechnung stützt sich auf eine Angabe im Buche des *Chilam Balam* von *Mani*, die den Anfang des Katun's *5 ahau* auf den 17. Tag des Monats *zeec* im Jahre *13 kan* = A. D. 1593 ansetzt. Daraus ergibt sich für den Anfang des Katun's *11 ahau* das Jahr 1534. Nach den Büchern des Chilam Balam von *Mani*, von *Titzimin* und *Chumayel* sollen nun im Anfange des Katun's *11 ahau* 83 Jahre seit der Zerstörung von *Mayapan* verflossen sein. So kommen wir für dieses wichtige Ereignis auf das Jahr 1451. Und diese Feststellung wird durch eine andere Angabe derselben Handschriften bestätigt, derzufolge 60 Jahre nach der Zerstörung von *Mayapan* die Spanier zum ersten Male in Yucatan gesehen worden seien. Das war im Jahre 1511 die schiffbrüchige Mannschaft des Kapitäns Valdivia. — Näheres siehe meine »Gesammelten Abhandlungen zur amerikanischen Sprach- und Altertumskunde« Bd. I, Berlin (1902), S. 598.

[3] Vgl. Chilam Balam von *Mani*, MS. Fol. 114, Chilam Balam von *Titzimin*, MS. Fol. 6.

[4] Coleccion de Documentos ineditos de ultramar, II.ª Serie, Vol. 11, p. 287.

[5] Verlesen oder verdruckt als *Hun uikil Chic.*

Daß die *Tutulxiu* Einwanderer in Yucatan waren und daß sie sich »in der Sierra gegenüber *Mayapan*«, d. h. in der Gegend von *Uxmal*, niederließen, wird auch von Landa angegeben, der noch hinzufügt, daß sie nicht Pfeil und Bogen, sondern Wurfbrett und Speer als Waffen geführt hätten, und daß sie neben anderen Gesetzen auch eines gehabt hätten, das den Ehebruch mit Steinigung bestrafte. Das Wurfbrett als Waffe und diese besondere Art der Bestrafung des Ehebruchs weist auf einen mexikanischen Ursprung dieser Einwanderer hin. Für einen solchen spricht auch die enge Verbindung, in der die *Tutulxiu* mit den Herren von *Mayapan* standen, die zweifellos Mexikaner waren[1]. Auch der oben nach den Büchern des Chilam Balam angegebene Name *Ah Xupan Nauat*, der sicher mexikanisch ist, und anderwärts als Name des Gründers von *Mayapan* erwähnt wird[2], scheint dasselbe zu beweisen. Und mexikanischen oder vielmehr toltekischen Ursprung schreiben sich in der Tat die *Tutulxiu* selber zu. Der Chilam Balam von Maní beginnt mit den Worten[3]: — *lai u tzolan katun lukci ti cab ti yotoch Nonoual cante* [*y*]*anilo Tutulxiu ti chikin Zuiua u luumil u talelob Tulapan chiconahthan* — »das ist die Reihe der Katun (die verflossen), nachdem sie aus dem Lande, aus ihrer Heimat Nonoual aufbrachen, vier (Brüder) Tutulxiu waren es, aus dem Westen, aus dem Lande Zuiva, kamen sie aus Tulapan Chicunauhtlan« (oder richtiger vielleicht: — »aus *Tula Chicunauhapan*«).

Wie dem auch sei, in den Bauwerken von *Uxmal* ist ein Einfluß eines national-mexikanischen Elements in ähnlicher Weise, wie er bei den Bauten von *Chich'en Itzá* einem so klar entgegentritt, nicht zu erkennen. Die Gebäude gehören vielmehr dem eigenartigen, über das ganze westliche Yucatan verbreiteten, typisch yukatekischen Stile an, dessen Besonderheiten in folgender Weise charakterisiert werden können:

1. Das Dreieckgewölbe (Abb. 1 A—C). Dies kennzeichnet nicht nur die Bauten von *Yucatan*, sondern auch die von *Palenque*, *Ococingo*, die des *Usumacinta*-Gebiets und von *Peten*, also aus dem ganzen Bereiche der alten Boots- und Karawanenstraßen der mexikanischen Händler, die von *Xicalanco* unweit der Mündung des *Usumacinta* diesen Fluß aufwärts

[1] Vgl. meine »Gesammelten Abhandlungen« Bd. I, S. 675/676.

[2] Relacion de *Cansahcab*. Colecc. Docum. ined. ultramar., II.ª Serie, Vol. 11, S. 192/193.

[3] Brinton, Maya Chronicles p. 95.

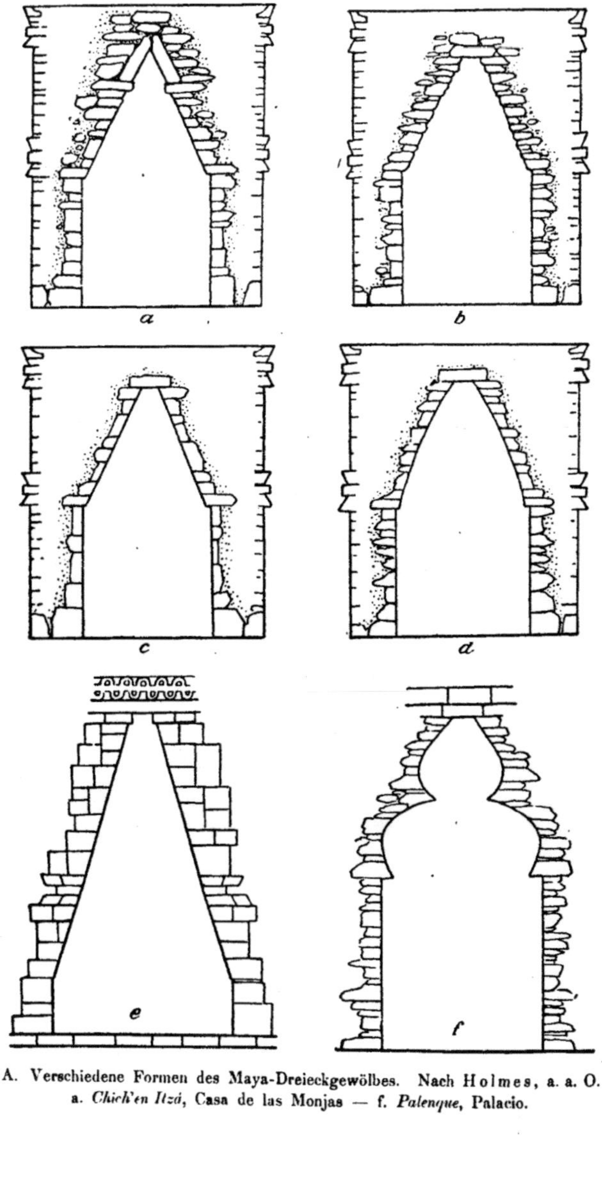

Abb. 1 A. Verschiedene Formen des Maya-Dreieckgewölbes. Nach Holmes, a. a. O. S. 51.
a. *Chich'en Itzá*, Casa de las Monjas — f. *Palenque*, Palacio.

bis tief nach Guatemala hinein vordrangen, vom mittleren *Usumacinta* aus über Land, die Laguna del *Peten* passierend, nach der Laguna de *Izabal* und Honduras gelangten und von *Xicalanco* an der Küste nordwärts vordringend *Campeche* und *Yucatan* erreichten. In diesem ganzen Gebiete tritt, anscheinend vollkommen unvermittelt, das Dreieckgewölbe auf. Rings umher, überall sonst, bei Lehmziegel- und Steinbauten, das flache, aus Balken gebildete Dach, die »Azotea« der Spanier, oder der hohe hölzerne Dachstuhl, der mit Gras oder Palmblattgeflecht gedeckt wird. Varianten

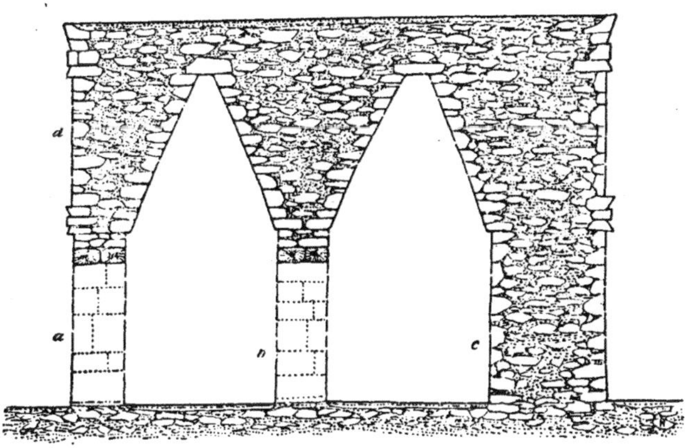

Abb. 1 B. Senkrechter Durchschnitt durch ein Doppelgewölbe. *Uxmal.* Casa del Gobernador. Holmes, a. a. O. S. 91.

kommen vor in bezug auf den Schluß des Gewölbes, der entweder durch horizontal verlagerte Verschlußplatten (Abb. 1 A, b—f) oder durch aufgerichtete, schräg aneinandergelegte Steinplatten gebildet wird (Abb. 1 A, a). Besondere kunstvollere Führung der Gewölbwände — von Holmes werden sie »Kleeblattgewölbe« genannt (Abb. 1 A, f) —, kennzeichnen die *Palenque*-Kultur. Eine überall beobachtete Besonderheit sind die Reihen von Stangen, die, mehrfach übereinander, von einer Gewölbseite zur andern gingen (vgl. Abb. 1 c), deren Vorhandensein heute aber zumeist nur durch die einander gegenüberliegenden parallelen Reihen von Löchern in den Gewölbwänden angezeigt wird. Man hat sie als Stützen bei der Aufmauerung deuten wollen. Sie fügen sich aber der Architektur ein und nehmen zuweilen sogar ornamentale Formen an.

2. In den Fassaden von *Palenque* und der Ruinenstädte am *Usumacinta* folgt über einem senkrechten Wandteile ein stark vorspringendes mächtiges Gurtgesims, dem ein dachartig schräg ansteigender Fries sich an-

Abb. 1 C. Senkrechter Durchschnitt durch ein yukatekisches Bauwerk mit Scheingiebeln auf der Vorder- und der Mittelwand. Holmes, a. a. O. S. 41.

schließt, der in einer schmalen, ebenen Dachfläche seinen Abschluß findet. In *Yucatan* gliedert sich die Außenwand in einen Untersatz, dessen Oberkante dem Boden der Innengemächer entspricht; eine Wandfläche, die senkrecht und zumeist unverziert ist; ein in der Regel mehrfach gegliedertes vorspringendes **Gurtgesims** in der Höhe der untern Gewölbkante des Innenraums; und einen darüber aufragenden **senkrechten Fries**, der in einem **Hauptgesimse** seinen Abschluß findet. Gurtgesims und Hauptgesims haben in der Regel die gleiche Zusammensetzung und bestehen in ihrer typischen Form aus einer untern und einer obern schräg vorkragenden Steinreihe, die eine in der Regel ebensoweit vorkragende senkrechte Steinreihe zwischen sich haben. Das oberste Glied des Hauptgesimses aber hat die Gestalt wuchtiger, nach vorn geneigter größerer Platten. Die Oberkante dieser abschließenden Reihe entspricht der Ebene des flachen Dachs.

3. In *Palenque* und am *Usumacinta* wurden mit Vorliebe die **pfeilerartigen Wandstücke** zur Verzierung benutzt. Die Verzierung selbst ist eine freie, bildmäßige, ausgeführt in Stuck oder auch in harter Steinmetzarbeit. In *Yucatan* ist der senkrechte Fries der Hauptträger der Verzierung. Diese selbst besteht in **Halbsäulchen** (Taf. XXIX), **Gitterwerk** (Taf. IV, V, VII 2, VIII, XII), **Masken** (Taf. VII), — Elementen, die durch ihre Natur und durch die tiefen Ausarbeitungen, die sie zeigen, deutlich kundgeben, daß sie in **Nachahmung einer alten Holzarchitektur** entstanden sind. Die alten Architekten und Steinmetzen haben daher auch nicht daran gedacht, diese Tiefen aus dem Steine herauszuholen, sondern sie haben **mosaikartig** gearbeitet, d. h. sie haben die größeren und kleineren Formelemente der wiederzugebenden Figur besonders angefertigt und mittels eines seitlichen Zapfens, den sie an ihnen anbrachten, in die Mörtelbekleidung der Fassade eingesetzt.

Die eindrucksvollsten dieser Elemente sind die großen **Masken**; die, zu Säulen übereinander aufgebaut, an den Kanten oder auch in der Mitte der Fassaden auf dem Friese angebracht waren, und die man wegen der riesigen, bald abwärts gebogenen, bald nach oben geschwungenen Nasen als **Abbilder von Elefanten** hat deuten wollen (vgl. Taf. VII, XII, 1 und 2, XIII—XVI, XXVI). Diese Gebilde beginnen schon auf den Bauwerken mit den *Quetzalcouatl*-Fassaden, die ich in dem vorigen Bande der Abhandlungen der Akademie besprochen habe. Sie sind dort, übereinander aufgebaut, an den Kanten jener eine große *Quetzalcouatl*-Maske auf ihrem Friese tragenden Fassaden zu sehen. Ihre typische Ausbildung aber erreichen die Elefantenrüsselmasken erst in den großen Ruinenstädten des nördlichen Teils der sogenannten »Sierra«, — in *Uxmal*, *Kabah* und in dem einen Teile der Bauwerke von *Chich'en Itzá*, denen, die offenbar in *Uxmal* ihre Vorbilder gehabt haben. Daß nun diese Masken in Wirklichkeit kein Erinnerungsbild an die unserem Elephas primigenius verwandten Dickhäuter sind, die im Anfange der Quaternärzeit in Amerika lebten, darüber

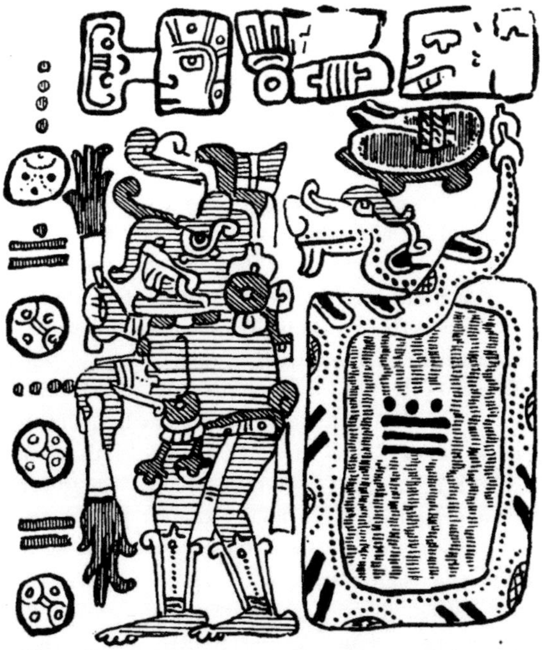

Abb. 2. *Chac*, der Regengott, mit Blitzfackeln in den Händen, in der Himmelsrichtung des Nordens (*Xaman*). Codex Cortes, Blatt 5a.

brauche ich mich wohl nicht näher auszulassen[1]. Dagegen erkennen wir ihr Bild in zwei Göttergestalten, die in den Maya-Handschriften überaus häufig vorkommen und eine sehr wichtige Rolle spielen.

Der eine (Abb. 2) ist ein Gott, der in einer sakralen Reihe von zwanzig Gottheiten, mit denen die Dresdner Handschrift beginnt, die zweite

[1] Vgl. meinen Aufsatz über »Die Tierbilder der mexikanischen und der Maya-Handschriften« in der Zeitschrift für Ethnologie Bd. 41 (1909), S. 406—413.

Stelle einnimmt, der nach den Himmelsrichtungen und den Farben verschieden dargestellt wird, und der deutlich als der mit der Schlange sich gürtende, die Blitzfackel in den Händen tragende, im Regen sich offenbarende Gott gekennzeichnet ist. Dieser Gott, dem nach den Angaben des Chronisten Landa der Name *Chac* zukommt — Landa spricht in der Regel von den vier *Chac* (d. h. dem nach den vier Richtungen verschiedenen Gotte) —, hat in den Handschriften eine Nasen- und Gesichtsbildung, die ihn ohne weiteres als Homologon der einen Form der Elefantenrüsselmasken, derer mit herabgebogenem Rüssel, wie wir sie an dem West- und dem Nordgebäude der Casa de las Monjas von *Uxmal* kennenlernen werden, bestimmen läßt. In der Tat, nicht nur die bloße Abwärtsbiegung, sondern auch die besondere Art der Biegung, mit der Zurückbiegung der Nasenspitze, sehen wir in diesen Regengottbildern der yukatekischen Bilderschriften; dazu kommt noch die fast rankenartig erscheinende Form der aus dem Mundwinkel heraushängenden langen Hauzähne, denen ähnlich, die in sehr auffälliger Weise namentlich in den Masken der Casa de las Monjas von *Chich'en Itzá* in die Erscheinung treten.

Die zweite Gestalt der Handschriften, die für den Vergleich mit den sogenannten Elefantenrüsselmasken in Betracht kommt, ist ein Gott (Taf. XXXVI B), der eine noch größere und noch groteskere, aber nach oben geschwungene Nase hat und sich dadurch, sowie durch die langen, gewundenen Hauzähne in der Tat als ein Abbild der zweiten Form der Elefantenrüsselmasken erweist, derer, deren Nase nach oben geschwungen ist, wie wir sie an dem Ostgebäude der Casa de las Monjas von *Uxmal* (Taf. VII) sehen werden. Diese zweite Gestalt kennen wir nun ganz genau. In seiner »Relacion de las Cosas de Yucatan« beschreibt der Bischof Landa vier Feste, die in den letzten fünf Tagen vier aufeinanderfolgender Jahre gefeiert wurden, und die den Zweck hatten, das Unheil abzuwehren, das nach dem Zeichen, das das neue Jahr trug, in dem neuen Jahre zu erwarten war. Diese vier Feste, mit ihren Gottheiten, sind auch auf den Blättern 25—28 der Dresdner Handschrift in Bildern und Hieroglyphentexten dargestellt. Als Gott des ersten dieser vier Feste — bzw. des ersten der vier neuen Jahre — treffen wir dort (Taf. XXXVI B) unsern Gott mit der nach oben geschwungenen Nase. Er entspricht dem, den Landa in der spanischen Beschreibung der vier Feste *Ah Bolon tz'acab* »Herr der neun Generationen nennt«.

Denselben Gott sehen wir aber auch auf Blatt 46 der Dresdner Handschrift dargestellt, und zwar als ersten der fünf Gottheiten, die von den Vertretern der fünf einander folgenden Venusperioden (von je 584 Tagen) mit dem Speere durchbohrt werden. Und für diesen Gott haben wir eine Parallele. In den Bildern der fünf Venusperioden und ihrer Regenten, die auf Blättern der mexikanischen Handschriften der Codex-Borgia-Gruppe sich finden, ist die Gestalt, die in der ersten der fünf Venusperioden von dem Vertreter der Gottheit des Planeten Venus gespeert wird, die Gottheit des Wassers. Es ergibt sich daraus mit voller Sicherheit, daß der *Ah bolon tz'acab* des Bischofs Landa, unser Gott mit der nach oben geschwungenen Nase, der Wassergott ist. So versteht man denn auch, daß der Gott des Regens *Chac* und dieser Wassergott, den der Bischof Landa *Ah bolon tz'acab* nennt, nahe verwandte, fast identische Gestalten sind, wie die Elefantenrüsselmasken mit herabgebogenem und die mit aufwärts geschwungenem Rüssel nahezu identische Gebilde sind. In diesem Zusammenhange möchte ich noch auf eine Stelle der Dresdner Handschrift, Blatt 3 rechts oben, verweisen, wo wir den Gott des Wassers *Ah bolon tz'acab* dargestellt sehen, aber nicht mit seiner ihm eigentlich zukommenden Hieroglyphe, sondern mit einer Begleithieroglyphe, die einfach den Kopf des Regengottes *Chac* wiedergibt. In der Tat sind auch sonst in den Handschriften der Regengott *Chac* und der Wassergott *Ah bolon tz'acab* nicht nur vielfach einander gesellt, sondern stehen auch, wie z. B. auf Blatt 25 der Dresdner Handschrift (Taf. XXXVI A), einer für den andern ein, vertreten sich nach allen Richtungen.

Woher diesen Indianern der Gedanke kam, den Regengott mit abwärts gebogener, den Wassergott mit aufwärts geschwungener verlängerter Nase darzustellen, vermag ich nicht zu sagen. Daß aber die die Kanten und die Fläche des Frieses der yukatekischen Bauten schmückenden sogenannten Elefantenrüsselmasken Abbilder des Regengotts und des Wassergotts sein sollen, steht außer Zweifel.

Es erhebt sich nun aber die Frage, warum hat man diese Bilder des Regen- und des Wassergotts in so verschwenderischer Fülle auf dem Friese und zum Teil auch auf den Wandflächen der Tempel und anderer Gebäude Yucatans angebracht? Da möchte ich auf ein anderes bekanntes Vorkommnis verweisen: — Auf den in Stein gehauenen Altarplatten, die den Hintergrund der Cella verschiedener Tempel von *Palenque* bilden, sieht man zwei Priester, die ein auf einer Unterlage aufgebautes Figürchen des Wassergottes darbringen. Das kann doch kaum etwas anderes als ein sympathetischer Zauber sein, der durch die Nachbildung des über das befruchtende Naß gebietenden Dämons dieses Naß selber herbeirufen oder erzeugen will.

Wenn ein Indianer des heutigen argentinischen Chacos an einer Stelle vorbei muß, wo böse Geister hausen, oder ihm ein Tier begegnet, in dem er einen bösen Geist vermutet, so pflegt er sich dadurch zu schützen, daß er ein Bild dieses Dämons sich auf die Haut oder die Kleidung malt oder auf seine Kürbisflasche einritzt, in der Idee, daß er dadurch Macht über den Dämon gewonnen habe. In derselben Weise suchten die alten Antillenbewohner gegen die bösen Geister *mboya* sich zu feien, indem sie kleine Holzbildchen dieser Geister schnitzten und sie sich um den Hals hingen. Umgekehrt suchten die alten Mexikaner die guten Einflüsse guter Geister oder Götter sich dadurch zu sichern, daß sie ein in Schmuck und im Auftreten ähnliches Bild eines solchen Gottes ihm zum Opfer brachten. So sind auch, meiner Auffassung nach, diese ganzen mit den sogenannten Elefantenrüsselmasken geschmückten Fassaden, ihrem Ursprunge nach nichts anderes als ein großer Regenzauber, der den für die Saaten notwendigen Regen den Frommen sichern sollte, die diese Bauten schufen und zeitweise oder dauernd in Benutzung hatten.

II. Ältere Bauten.

Die auf den vorstehenden Blättern aufgezählten Charaktere treffen für die Hauptmasse der Bauten von *Uxmal* zu, insbesondere für die großen, schönsten und besterhaltenen. Von der Hauptmasse sondern sich aber eine kleine Zahl von Gebäuden ab, bei denen die oben angegebenen Elemente noch nicht zu voller und nicht zu typischer Ausbildung gelangt sind, die also vermutlich einen älteren Stand repräsentieren.

Hierzu rechne ich in erster Linie die Casa del Enano, das »Haus des Zwerges«. Der Name ist von Stephens fälschlich der Casa del Adivino, dem »Hause des Wahrsagers« gleichgesetzt worden. In Wirklichkeit bezeichnet der Name eine Gebäudegruppe, die ein ganzes Stück nördlich von der Casa de las Monjas liegt und den Namen »Haus des Zwerges« von einer Steinfigur erhalten hat, die vor einem dieser Häuser gefunden wurde[1]. Die ganze Gruppe ist jetzt dicht mit Bäumen und Dorngebüsch überwachsen und schwierig zu übersehen. Die Abb. 3 gibt den Plan eines dieser Gebäude. Es ist zweistöckig. Der obere Stock zeigt zwei Gewölbe mit ostwestlich verlaufender Achse, die nach Norden sich geöffnet haben müssen, die Vorderwand ist aber eingefallen. An die Rückseite dieser beiden Gemächer scheinen sich drei andere längere geschlossen zu haben mit nordsüdlich verlaufender Gewölbeachse. Da östliche ist erhalten und hat einen Zugang vom Osten. Von den Räumen des Erdgeschosses habe ich nur eines gesehen, das auf dem Plane Abb. 3 auf der Ostseite des zuletzt genannten Gemaches angegeben ist. Der ganze Bau ist einfach, aus rauhen Quadern aufgeführt, Wandfläche und Fries ohne jegliche Verzierung, das Gurtgesims eine einfache schräg vorkragende Steinreihe.

Abb. 3. *Uxmal*, Grundriß eines der Gebäude der Casa del Enano.

Aus einer älteren Zeit stammen wohl auch die beiden Gebäude, die hart an dem Süd- bzw. Westfuße der Terrasse der Casa de las Tortugas sich befinden (vgl. Abb. 4). Denn die Art, wie diese Häuser in die Terrasse hineingebaut sind, oder — richtiger vielleicht — die Terrasse an sie herangebaut ist, läßt darauf schließen, daß sie hier schon standen, ehe die Terrasse aufgeschüttet und die großen Gebäude, die Casa de las Tortugas und die Casa del Gobernador, auf ihr errichtet wurden.

Das eine dieser Gebäude, das ich auf dem Plane Abb. 4 mit dem Buchstaben *C* bezeichnete, hat seine Front nach Westen. Die Basis ist verschüttet. Die Wandfläche ist mit Quadersteinen verkleidet. Das den Fries unten begrenzende Gurtgesims (vgl. Abb. 5) weicht von dem der andern Bauten ab. Es besteht aus zwei übereinanderfolgenden schräg vorkragenden Steinreihen und einer dritten senkrecht vorkragenden darüber. Das ist eine Annäherung an die Gesimsform der *Palenque*-Bauten. Am Friese, der eine Höhe von 0.30 m hat, wechseln Gruppen von vier Halbsäulchen mit glatten Stücken. Das abschließende Hauptgesims besteht aus den gleichen Elementen wie das Gurtgesims. Es hat aber vielleicht noch ein oberstes abschließendes Glied gehabt, das der schräg vorkragenden obersten Plattenreihe der gewöhnlichen yukatekischen Bauten entsprach oder sie ersetzte.

[1] Mündliche Mitteilung von Teobert Maler.

Der Halbsäulchenfries läßt darauf schließen, daß dies Gebäude *C* das Nebengebäude, die Häuser *A* und *B* (vgl. den Plan Abb. 4) die Hauptgebäude darstellten. Auf die Gründe dafür werde ich später zurückkommen.

Die andere Gruppe (*A* und *B* auf dem Plane Abb. 4), die ich als die Hauptgebäude auffasse, haben ihre Front nach Norden und sind in den Winkel der Terrasse, in einem offenbar für sie ausgesparten Raume einge-

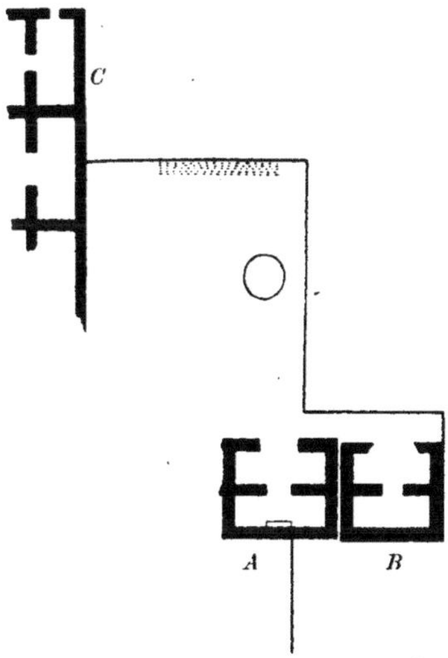

Abb. 4. *Uxmal.* Grundriß der Häuser am Süd- und Westfuße der Terrasse der Casa de las Tortugas.

Abb. 5. *Uxmal.* Altes Gebäude *C* am Westfuße der Terrasse der Casa de las Tortugas. Gurt- und Hauptgesimse und Halbsäulchenfries.

klemmt, da ihre Ostwand an die Terrassenwand anstößt und die Fassade nur wenige Meter von der hier nach Süden abfallenden Terrassenwand entfernt ist. Die Gruppe besteht aus zwei Gebäuden, einem etwas kleineren östlichen (*B*) und einem darangebauten größeren westlichen (*A*), das auch in der Front etwas vorspringt (um 0.32 m). Sie werden beide von je zwei Gewölben gebildet, deren Achse ostwestlich verläuft. Die Fußböden der Hinterzimmer sind um 0.23 m gegen die der Vorderzimmer erhöht. An der Hinterwand des größeren westlichen Gebäudes befindet sich eine schmale, 0.24 m hohe, von vier vorspringenden Steinen getragene Stufe oder ein Steintisch, der an ähnliche in den Räumen des Palastes von *Palenque* erinnert. Die Wandhöhe beträgt in den Hinterzimmern 2.36 bzw. 2.39 m. Die Gewölbe sind niedrig, die Seiten sanft gewölbt, die Verschlußplatten breit.

Die Außenwand des kleineren östlichen Gebäudes (vgl. Abb. 6, *B*) ist glatt. Das Gurtgesims besteht aus nicht weniger als vier schräg vorkragenden Steinreihen und einer darüber folgenden, über die obere schräge Steinlage vorkragenden senkrechten Steinreihe — eine Gesimsbildung, die also,

Abb. 6. *Uxmal*. Ein Teil der Front der beiden Gebäude am Westfuße der Terrasse der Casa de las Tortugas.

ebenso wie die des zuvor erwähnten Gebäudes, eine gewisse Annäherung an die Formen der *Palenque*-Bauten zeigt. Darüber folgt ein niedriger, nur 0.59 m hoher Fries, der mit Halbsäulchen ausgefüllt ist. Von dem oben abschließenden Hauptgesimse ist nur die unterste schräg vorkragende Steinreihe erhalten. Hier ist nun aber eine sonderbare Unregelmäßigkeit zu verzeichnen. An der westlichen Kante des Gebäudes hat man später, wie es scheint, das Bedürfnis gefühlt, eine Eckmaske anzubringen und zu dem Zwecke den Fries um seine ganze Höhe vergrößert. Man hat dazu (vgl. Abb. 6, *B*) die senkrechte Steinreihe des Gurtgesimses mit einem rechtwinkligen Knicke nach unten geführt, so daß hier nahe an der Ecke nur die beiden untern der vier schräg vorkragenden Steinreihen des Gesimses übrigbleiben. Auf der so vergrößerten Friesfläche sieht man oben unter dem Hauptgesimse zunächst eine ausfüllende glatte Steinreihe. Darunter, von einer vorspringenden glatten Steinreihe seitlich begrenzt, die Elemente zweier Masken, die an der Ecke natürlich umbiegen, deren andere Hälfte dort aber durch das darangebaute Westgebäude verdeckt ist. Die Elemente dieser Masken sind einfach. Es scheint aber, daß sie aus Resten, die von andern zerstörten Häusern stammen, zusammengeflickt wurden.

Der eben beschriebene Befund läßt mich schließen, daß das kleinere östliche Gebäude *B*, das das ältere war, als solches nur die primitive Halbsäulchenverzierung am Friese besaß. Später, als man die Halbsäulchenverzierung auf die Nebengebäude beschränkte, hat man dann dem Gebäude *B*, das kein Nebengebäude war, Eckmasken angefügt.

An dem westlich anstoßenden, etwas vorgebauten Hause *A* ist eine Scheidung von Wand und Fries überhaupt nicht zu sehen. Reste eines großen Reliefs, anscheinend Teile einer Riesenmaske (vgl. Abb. 6, *A*), bedecken die Fläche. Es ist mir indes bisher noch nicht gelungen, die Einzelheiten zu einem verständlichen Bilde zusammenzufassen.

Die beiden Gebäude am West- und Südfuße der Terrasse der Casa de las Tortugas habe ich hier erwähnt, weil der Aufbau ihrer Gesimse eigenartig ist, weil sie in die Terrasse gewissermaßen hineingezwängt sind, der Raum für sie in der Terrasse gewissermaßen ausgespart worden ist, sie also wohl als älter als ihre Nachbarn anzusehen sind. Im übrigen waren es, wie es scheint, keine Gebäude von besonderer Wichtigkeit.

III. Das Taubenhaus — Casa de Palomas.

Eine große Bedeutung dagegen muß der umfangreiche alte Gebäudekomplex gehabt haben, den wir nach dem auffälligsten seiner Gebäude als das System der Casa de Palomas oder des »Taubenhauses« bezeichnen können. Vgl. den von Holmes gezeichneten Gesamtplan der hauptsächlichsten Gebäude von *Uxmal*, der der ersten Seite dieses Aufsatzes gegenübergestellt ist, und den Spezialplan Abb. 7. Auf letzterem ist aber an der Ostseite noch der hohe, den ganzen Komplex überragende Hügel hinzuzufügen, den ich, nach Stephens' Vorgange, den »namenlosen Hügel« nennen möchte. —

Es ist dieser Komplex nicht einfach als archaisch zu bezeichnen. Denn die Eigenheiten der yukatekischen Architektur, wie ich sie oben kurz gekennzeichnet habe, sind hier schon zur typischen Ausbildung gelangt. Aber im allgemeinen hat man doch den Eindruck, daß diese Gebäude älter waren, daß sie vielleicht schon verfallen und aufgegeben waren, als die Monumente, die jetzt bei dem Besuche dieser Ruinen die besondere Aufmerksamkeit der Reisenden erregen, wie die Casa de las Monjas, die Casa del Adivino und die Casa del Gobernador, erst geschaffen wurden.

Die Gruppe der Palomas umfaßt eine ganze Zahl von Bauwerken. Das am meisten in die Augen fallende Gebäude ist das eigentliche »Taubenhaus« oder die Casa de Palomas, nach ihren Ziergiebeln so genannt, die, wie aus dem Spezialplane Abb. 7 zu ersehen ist, die ganze Nordseite eines 55 m breiten und 40 m tiefen Hofes einnimmt. Es sind je zwei große, durch eine Mittelwand geschiedene ostwestlich sich erstreckende Gewölbe, die zu beiden Seiten eines Quergewölbes, das die Mitte bildet, aufgebaut sind (Taf. I, 1 und 2). Das Quergewölbe, das eine Breite von 2.92 m und eine Länge von 8.20 m hat, ist ein Durchganggewölbe, es gibt denen, die von Norden kommen, Zutritt zu dem Hofe hinter der Casa de Palomas. Die beiden ostwestlich sich erstreckenden Längsgewölbe sind an der Nordseite in je drei Zimmer von 9.80 m Breite geteilt, die in der Mitte noch eine sekundäre Teilung haben; auf der Südseite, der Hinterseite, weisen diese Gewölbe eine Scheidung in je vier Zimmer auf, die eine durchschnittliche Breite von 5.70 m haben. Die Tiefe der Zimmer auf beiden Seiten ist annähernd gleich. Sie beträgt 2.77—3.00 m. Die Mauern haben eine Dicke von 0.87—1.15 m. Die Außenmauern sind vorn (an der Nordseite) ganz, hinten (an der Südseite) zum größten Teil eingestürzt. Die Innenwände und die Seiten der Gewölbe sind mit großen, etwas rauhen Quadern bekleidet. Von den Stangen, die in den meisten der yukatekischen Bauten in mehr oder minder regelmäßigen Abständen und in verschiedenen Höhen von einer Seite des Gewölbes zur andern gehen, ist in den Zimmern dieses Hauptgebäudes der Casa de Palomas merkwürdigerweise nichts zu sehen. Ich habe oben schon erwähnt, daß man diese Stangen als Stützen betrachtet hat, die bei der Aufmauerung des Gewölbes gebraucht und nachher stehengelassen worden wären. Das ist in dieser Form sicherlich nicht richtig, denn diese Stangen gehören, wie das in einer ganzen Anzahl von Bauten deutlich ist, zur Architektur der Gewölbe. Es ist mir wahrscheinlich, daß diese Gebilde eine Wiedergabe des Stangenwerks sind, das in den elliptischen Strohhütten der yukatekischen Indianer die beiden Seiten des Dachstuhls verbindet. Es wären das nicht die einzigen Besonderheiten der aus vergänglichem Materiale erbauten Wohnhütten, die wir in den Steinbauten Yucatans festgehalten sehen.

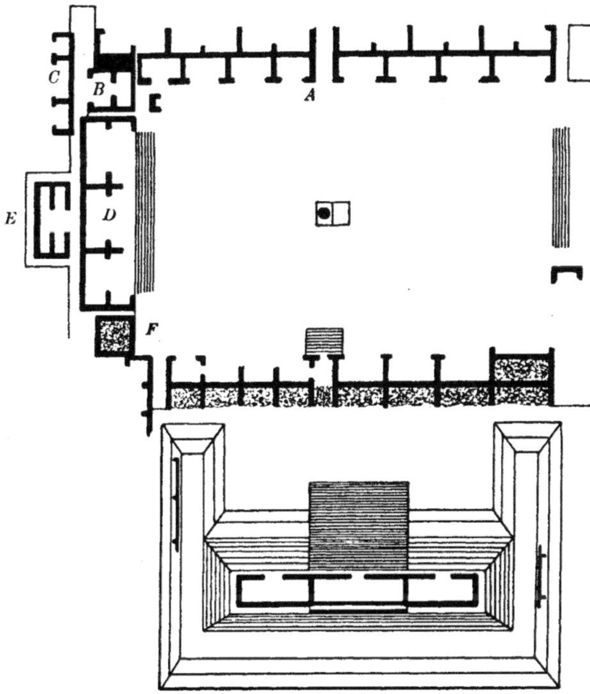

Abb. 7. *Uxmal.* System der Casa de Palomas.

Das Merkwürdigste an der Casa de Palomas sind die Ziergiebel dreieckiger Gestalt — die Stephens ganz zutreffend mit den der Straße zugekehrten Giebeln der alten holländischen Häuser vergleicht —, die in der ganzen Länge des Daches über der Mittelwand aufragen, und die, in regelmäßigen Abständen von fensterartigen Öffnungen durchbrochen (vgl. Taf. I, 1. 2), dem ganzen Baue den Namen Casa de Palomas »Taubenhaus« verschafft haben. Solcher Ziergiebel sind im ganzen acht vorhanden (nicht neun, wie Stephens und Holmes angeben); vier davon kommen auf die westliche Hälfte des Baues, einer steht über dem Durchganggewölbe und drei erheben sich über der Osthälfte des Gebäudes. Sie sind nicht unmittelbar der Dachfläche aufgesetzt. Über der Mittellinie des Daches erhebt sich erst eine Reihe pfeilerartiger Wandstücke (1.15 m hoch, 0.95 m breit, 0.74 m dick), die durch ein Gesimse gewöhnlicher Form — aus zwei schräg vorkragenden Steinreihen bestehend, die eine senkrecht vorkragende Steinwehr einschließen — gekrönt sind. Diesem Gesimse sitzen die Ziergiebel auf. Sie haben in der Mitte ein breiteres und höher aufragendes undurchbrochenes Wandstück, aus dem unten ein breiter steinerner Sockel weit vorspringt, während weiter oben ein konischer Zapfen ungefähr ebenso weit aus der Wand hervortritt. Dieser Sockel und der Zapfen haben offenbar zur Befestigung einer Figur gedient, von der aber nirgends mehr Reste vorhanden sind. Links und rechts von diesem mittleren Wandstücke und oberhalb von ihm folgen schmälere Wandstücke von rechtwinklig pfeilerartiger Gestalt, die zumeist aus vier Gliedern bestehen und durch fensterartige Öffnungen von ungefähr der halben Breite getrennt sind. Auch hier springen, mit einer gewissen Regelmäßigkeit verteilt, konische Zapfen vor, die vielleicht auch der Befestigung von Figuren dienten. Auf den Wandstücken selbst, sowohl am breiteren Mittelstücke wie an den schmäleren seitlichen und oberen Stücken, ist vielfach noch der Stuckbelag erhalten und auf ihm sind hier und da, in starkem Reliefe hervortretend, geschwungene Linien zu sehen, die in einer gewissen Verbindung mit den Figuren gestanden zu haben scheinen, die ehemals diese dreieckigen Ziergiebel schmückten, da sie von den konischen Zapfen ausstrahlen, die, wie wir annehmen müssen, Figuren getragen haben.

Der Hof, der hinten auf die Casa de Palomas folgt, und zu dem das Quergewölbe der Casa de Palomas den Eingang bildet, ist auf seiner Ost- und Westseite von wallartigen Erhöhungen oder Terrassen begrenzt, zu denen von der Tiefe des Hofes je eine Flucht breiter Stufen emporführt, während auf der Südseite die dort vorhandenen Baulichkeiten in eine höhere Terrasse eingebaut sind, die eine hohe, von einem Tempel gekrönte Pyramide trägt.

Auf der westlichen Terrasse ist das Nordende von einem Gebäude eingenommen, das ich auf dem Plane Abb. 7 mit *B* bezeichnet habe, das der Hinterseite der Casa de Palomas im rechten Winkel eingefügt ist.

Es hat seine Front nach Westen und besteht aus zwei Zimmern und scheint einer andern Bauperiode anzugehören. Die Gewölbe sind niedriger als in der Casa de Palomas, die Gewölbeseiten gerader, und nahe dem unteren Rande des Gewölbes sind zwei große runde Löcher jederseits vorhanden (Abb. 8 a), in denen vormals zwei von Gewölbwand zu Gewölbwand gehende Pfähle oder Stangen gesteckt haben müssen. Diese Löcher sind auf der Stuckbekleidung der Innenwand der Zimmer mit einem roten Ringe umzogen. Wir werden Ähnliches auch bei einem der alten Gebäude der Casa de las Monjas finden. Es ist das einer der Fälle, aus denen, meiner Ansicht nach, hervorgeht, daß diese sogenannten Stützpfähle zur Architektur der Gewölbe gehörten. In der Mittelwand dieses Hauses sind runde Luftlöcher vorhanden, je eines zu beiden Seiten der Türe, ungefähr in der Mitte der Wandstücke.

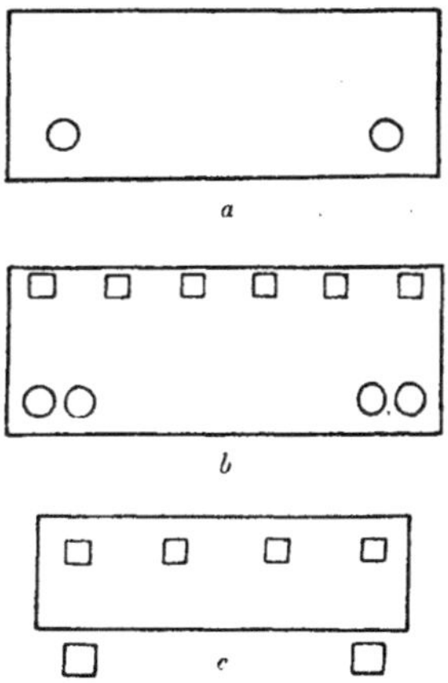

Abb. 8. *Uxmal.* Casa de Palomas.
a. Pfahllöcher in den Gewölben des Gebäudes *B*,
b. in denen des Gebäudes *E*,
c. in den Zimmern der Gebäude, die den vordersten tiefstgelegenen Hof umgeben.

Die Außenwand dieses Hauses ist zum Teil erhalten. Sie zeigt eine glatte Wandfläche und ein unteres Friesgesims gewöhnlicher Form, d. h. zwei schräg vorkragende Steinreihen, die eine senkrechte, vorkragende Steinreihe einschließen.

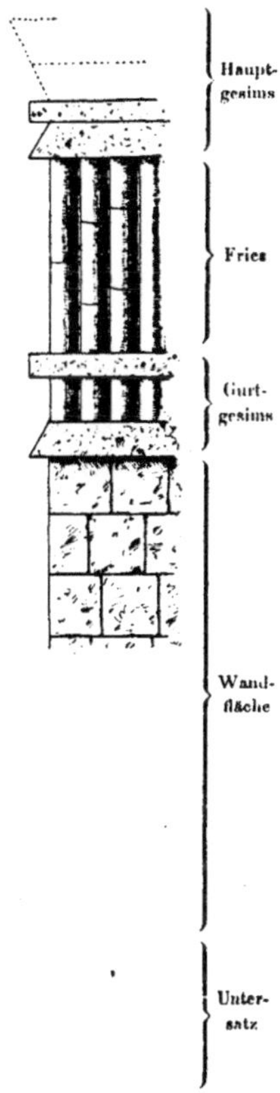

Abb. 8 d. *Uxmal.* Aufbau der Außenfront des Hauptgebäudes *D* an der Westseite des Hofes der Casa de Palomas.

An dieses Haus *B* stößt, mit der Unterkante seines Gesimses die Oberkante des Gesimses des Hauses *B* berührend, das eigentliche Westhaus, das ich auf dem Plane Abb. 7 mit dem Buchstaben *D* bezeichnet habe. Es enthielt drei Doppelgemächer und hatte seine Front nach Osten. Der Aufbau der Innenwände und der Gewölbe ist ähnlich wie bei dem Nordgebäude, der eigentlichen Casa de Palomas. Das Gewölbe ist etwas niedriger, die Seiten etwas gerader, aber Pfahllöcher scheinen auch hier durchweg zu fehlen. An dem Nord- und dem Südende des Gebäudes ist ein Teil der westlichen Außenmauer erhalten. Über der verschütteten Basis erhebt sich (vgl. Abb. 8d) die glatte, aus regelmäßig zubehauenen Steinen bestehende Wandfläche. Das Gurtgesims besteht aus drei Gliedern, einer schrägen, vorkragenden Steinreihe, einem vertieften Bande kurzer Halbsäulchen und einer senkrechten, vorkragenden Steinreihe. Der Fries, der eine Höhe von 0.98 m hat, zeigt glatte Halbsäulchen an der ganzen Außenseite des Gebäudes. Das obere abschließende Gesims scheint gewöhnlicher Art gewesen zu sein. Die Halbsäulchen sowohl des Frieses, wie die des mittleren Gliedes des Gurtgesimses, waren mit Stuck überzogen und leuchtend zinnoberrot bemalt.

An dem Südende war dieses Westgebäude von den geradwandigen Konstruktionen *F* überhöht, die den Übergang zu den Baulichkeiten bildeten, die dem Westende der großen Terrasse, die den Hof im Süden begrenzt, eingebaut sind. Steinplatten schieben sich von der Nordwand der Konstruktionen *F* vor, die auf dem oberen Gliede des Friesuntergesimses des Westbaues *D* auflagern, und die Dachmasse dieses geradwandigen Verbindungsbaues *F* bedeckt den schön zinnoberrot bemalten Säulchenfries des Westgebäudes.

An der Hinterseite des Westgebäudes ist ungefähr in der Breite des Mittelzimmers dieses Baues, von der Terrasse, die das Westgebäude trägt, ein Risalit vorgeschoben, das, wie die ganze Terrasse, steil und tief in das vorliegende Tal abfällt. Auf diesem Risalite steht ein Haus, das ich auf dem Plane Abb. 7 mit dem Buchstaben *E* bezeichnet habe. Es enthält zwei Zimmer und hat seine Front nach Osten, der Terrasse und der Hinterwand des Westgebäudes zugekehrt. Der Fußboden des Hintergemaches ist um 0.80 m gegen den des Vordergemaches erhöht. Das Gewölbe ist ziemlich niedrig mit geraden Seiten. Über der Unterkante sind zwei Paare großer runder Pfahllöcher vorhanden (Abb. 8b), sechs kleinere viereckige dicht unter der Oberkante der Gewölbseiten. Die Gewölbunterkante ist auch an den Schmalseiten (Giebelseiten) des Hauses als vorkragende Leiste fortgesetzt. Unter ihr sieht man ein großes viereckiges Luftloch. Die Außenseite des Gebäudes ist einfach. Sie gliedert sich in eine glatte Wandfläche, ein Friesuntergesims gewöhnlicher Form, eine glatte Friesfläche und das abschließende Obergesims, das vermutlich auch von der gewöhnlichen Form war.

Auf dem Walle, der die Ostseite des Hofes bildet, fehlen größere Baulichkeiten. Nahe dem Südrande dieser Seite ist der Rest eines Gebäudes vorhanden, dessen Gewölbachse nordsüdlich verläuft und das mit seinem Nordgiebel dem Gesimse eines alten Hauses aufsitzt. Gleich hinter dem Walle der Ostseite erhebt sich der hohe Hügel, von dem ich weiter unten noch zu sprechen haben werde.

In der Mitte des Hofes befindet sich, wie in anderen Höfen dieses und anderer Ruinenorte, ein runder Pfeiler, jetzt umgestürzt, auf einem viereckigen Untersatze. Die Landeseingeborenen nennen solche Pfeiler »picote«, weil sie sie mit den Schandpfählen der alten spanischen Rechtsvollstreckung in Verbindung bringen.

Die Südseite des Hofes endlich ist durch eine Reihe von Räumen abgeschlossen, die denen des Nordgebäudes, der Casa de Palomas, fast in allen Beziehungen entsprechen. Aber die hintere Reihe der Zimmer ist zugeschüttet; die Öffnung des Durchganggewölbes, das hier auch die Mitte des Baues einnimmt, ist bis auf einen schmalen, 0.92 m breiten Eingang vermauert; das Durchganggewölbe selbst in 4.35 m Entfernung vom Eingange mit einer bis zu halber Höhe reichenden Steinmasse, in 5.15 m Entfernung ganz mit einer Hinterwand geschlossen, und aus diesem nunmehr zimmerartigen Raume ist eine ebenfalls nur 0.98 m breite Tür nach dem nächsten der westlich anstoßenden Zimmer durchgebrochen worden. Die Außenfront dieses alten Durchganggewölbes ist erhalten. Sie zeigt einfache Formen: eine glatte Wandfläche, ein Friesuntergesims gewöhnlicher Form, einen aus zwei Quaderreihen bestehenden glatten Fries und ein Obergesims ebenfalls der gewöhnlichen Form, das den Abschluß bildet. In dem gegenwärtigen Zustande ist das Untergesims quer über die eine Giebelwand bildende Zumauerung des Gewölbes geführt, aber die Seiten des zugemauerten Gewölbes sind außen noch vollkommen sichtbar. Über diese Front und die durch Zumauerung des Gewölbes geschlossene Giebelwand ist mit einem Halbgewölbe eine Treppe gelegt worden, die von der Tiefe des Hofes auf die ebene Dachfläche dieser Gemächerreihe führt. Diese Dachfläche geht mit der Oberseite einer großen aufgeschütteten Terrasse zusammen, von der die jetzt nicht mehr einen Durchgang darbietende Gemächerreihe nur die Vorderfront bildet. Die Terrasse trägt, wie ich oben schon sagte, eine hohe Pyramide, die von einem schmalen, aus drei Zimmern bestehenden Tempel gekrönt ist.

Dieses Verhalten ist nur so zu verstehen, daß dieses jetzige Südgebäude ursprünglich allein da war und den Zugang zu einem Hofe bot, in dessen Hintergrunde sich ein Tempel befand. In späterer Zeit hat man dann das Bedürfnis gefühlt, den Tempel auf eine hohe oder höhere Pyramide zu setzen und hat zu diesem Zwecke durch Zuschüttung der hinteren Reihe der Gemächer und Auffüllung des alten Hofes eine Terrasse als Unterbau geschaffen, vor der ein neuer Hof notwendig wurde, von dem aus eine Treppe zur Höhe der die neue Tempelpyramide tragenden Terrasse emporführte. An der Vorderseite, der Nordseite, dieses neuen Hofes hat man dann ein neues Zuganggebäude, ähnlich dem alten, jetzt zum Teil verschütteten, gebaut, das in den durchbrochenen taubenhausartigen Ziergiebeln einen besonderen Schmuck erhalten hat. Und die Seiten dieses neuen Hofes sind dann auch entsprechend ausgestaltet worden.

Die Pyramide, die sich auf der durch spätere Aufschüttung gewonnenen Terrasse im Süden des heutigen Hofes erhebt, hat einen hufeisenförmigen Unterbau, dessen Schenkel bis auf eine Entfernung von zehn Schritt an den Nordrand der Terrasse reichen und eine Art Hof von 90 Schritt Breite und 30 Schritt Tiefe einschließen. Von dem Hintergrunde dieses Hofes steigt dann die eigentliche Pyramide auf, die eine sehr steile Hinterwand, etwas weniger steile Vorder- und Seitenwände hat und auf ihrem Gipfel einen kleinen, aus drei Zimmern bestehenden Tempel trägt. Die Zimmer dieses Tempels sind in einer Linie geordnet und nehmen fast die ganze verfügbare Oberfläche der Pyramide ein. Sie öffnen sich nach vorn, und dort führt in der Mitte der Front eine Treppe von dem Terrassenhofe zu dem Mittelzimmer empor. Die Hinterwand des Mittelzimmers hat durch eine Wand, die durch ein Halbgewölbe mit ihr verbunden ist, noch eine besondere Stütze erhalten. Die Innenwand der Zimmer und die Seiten der Gewölbe sind aus rauhen Quadern aufgeführt. Die Gewölbeseiten sind gerade und zeigen eine Anzahl Pfahllöcher. Die Außenseiten sind einfach. Über einer glatten Wand springt ein Gesims gewöhnlicher Form vor, und auch der Fries zeigt nur eine einfache glatte Fläche.

Den Schenkeln des hufeisenförmigen Unterbaues der Pyramide sind an den Außenseiten nahe der oberen Plattform noch Gemächer angebaut, von denen an der Außenseite des Westschenkels noch die Reste von dreien oder vieren zu erkennen sind, die aber vielleicht sich ringsherum um diesen hufeisenförmigen Unterbau gezogen haben. Sie haben eine Breite von 6.40 m und bestehen augenscheinlich nur aus einem Gewölbe, haben also keine Hinterzimmer. An der Außenseite ist ein Untersatz deutlich, der aus zwei senkrechten Steinreihen von 0.16 m Höhe besteht, die ein stärker zurücktretendes 0.38 m hohes Band von Halbsäulchen einschließen. Über diesem Untersatze ist noch ein Stück der aus glatten Quadern bestehenden Wandfläche zu erkennen.

Auch an der Westseite der Terrasse, die die von dem Tempelchen gekrönte Pyramide trägt, sind Reihen von Gemächern, und zwar nicht unbedeutender Größe vorhanden, die vielleicht auch bis zu dem Südende der Terrasse sich erstreckt haben. Und ebenso ist an dem Nordende der Westseite der vorderen Terrasse, die den großen Hof der Casa de Palomas und die andern oben beschriebenen Gebäude trägt, und die steil nach Westen in das Vorland abstürzt, drei in eine Linie geordnete, des Hinterzimmers entbehrende Zimmer eingebaut, die auf dem Plane Abb. 7 mit dem Buchstaben *C* bezeichnet sind.

Einen der wichtigsten Bestandteile dieses ganzen Systems bildet der hohe massive Steinhügel (Taf. II, 1), der sich hinter der Ostseite des Hofes der Casa de Palomas erhebt, und den ich oben den »unbenannten Hügel« nannte. Stephens, der als erster diesen Hügel etwas genauer untersuchte[1], gibt seine Höhe zu 65′ an, das sind 20 m. Die Basis maß er an der einen Seite 300′ oder 92 m, an der andern 200′ oder 61 m. Er stellt fest, daß der Hügel auf allen 4 Seiten mit Steinplatten belegt gewesen sei. Das mag richtig sein, ist aber heute nicht mehr zu erkennen und kann auch zu Stephens' Zeit nicht mehr der Fall gewesen sein. Die obere Plattform jedenfalls, die Stephens zu 75′, das sind 23 m, im Geviert angibt, stellt nichts als eine ebne Fläche scharfkantigen Kalksteingerölls dar, auf der keine Spur eines Baurestes zu erkennen ist, und auf der nur Agaven, die schön weißblühende Plumiera (= *zac nicté* der Maya), palo mulato (Bursera spec., = Maya *chacau*) und andere Bäume sich einen Platz erkämpft haben (Taf. II, 2). Dagegen sind unmittelbar unter der Gipfelfläche zwei von senkrechten Mauern umschlossene Terrassenabsätze zu erkennen. Die obere mag eine Höhe von

[1] Incidents of travel in Yucatan (New York 1843) Vol. I, p. 254.

Abb. 9. *Uxmal.* Der »namenlose Hügel« an der Ostseite des Systems der Casa de Palomas. Untere der beiden Gipfelterrassen. Teil der Wandbekleidung der Westseite und Reste der Maske an der Südwestecke.

1—2 m, die untere eine Höhe von 3—4 m gehabt haben. An der unteren Terrasse ist hier und da noch ein Stück der mit glatten Quadern belegten Wandfläche zu sehen (Abb. 9). Diese Wandfläche schließt mit einem Gesimse gewöhnlicher Form, und darüber folgt ein Fries, auf dem schachbrettartig glatte Wandstücke und in Steinmosaik ausgeführte Reliefmäander ab-

Abb. 10. *Uxmal.* Der »namenlose Hügel« an der Ostseite des Systems der Casa de Palomas. Untere der beiden Gipfelterrassen. Maske in der Mitte der Westseite. Zeichnung nach einer Photographie von Auguste Le Plongeon.

wechseln. Die Mäander der untern Schachbrettreihe sind gegen das untere Gesims durch einen Halbsäulchenstreifen abgegrenzt (Abb. 9 und Taf. III, 2). An den Ecken und in der Mitte der Terrassenwand waren Säulen von,

Abb. 11. *Uxmal.* Der »namenlose Hügel«. Untere der beiden Gipfelterrassen. Reste der Maske in der Mitte der Westseite, die im Jahre 1911 noch an ihrer Stelle waren, und Zeichnung des Rüssels, der jetzt vor ihr auf dem Boden liegt.

wie es scheint, zwei Masken eingeschoben, von denen an der Nordwest-, Südwest- und Südostecke und in der Mitte der Westseite noch mehr oder minder vollständige Reste vorhanden sind. Die letztere Maskensäule ist es, die von Stephens freigelegt wurde, unter der er, natürlich vergeblich, einen Eingang in ein Subterraneum suchte.

Ich gebe in der Abb. 10 eine Photographie wieder, die Le Plongeon in den siebziger Jahren von dieser Maske aufgenommen hat, und in der Photographie, Tafel III, 1 und in den Zeichnungen Abb. 11 das, was im

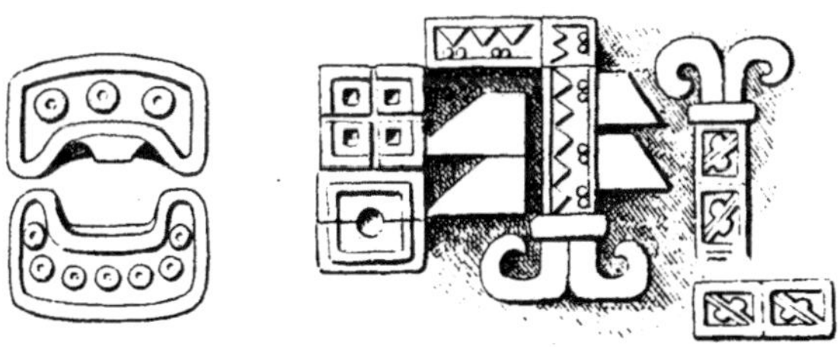

Abb. 12. *Uxmal.* Der »namenlose Hügel«. Untere der beiden Gipfelterrassen. Reste der Maskensäule an der Nordwestecke.

Jahre 1911 von dieser Maskensäule noch vorhanden war. Man sieht, daß zu Le Plongeon's Zeit der Rüssel der Maske noch seine Stelle in der Mitte des Gesichts einnahm, während er jetzt vor der Maske am Boden liegt. Die Abbildungen 9, 12, 13 und 14 endlich geben die Reste der

Masken, die ich an der Südwest-, Nordwest- und an der Südostecke dieser untern Gipfelterrasse noch auffinden konnte.

Diese Masken weichen nun von allen, die ich sonst aus den Bauten von Yucatan kenne, vor allem durch die kurze gedrungene Gestalt des Rüssels, die man nicht leicht mit einem Elefantenrüssel wird in Verbindung bringen können, und durch die besonderen Verzierungen, die er trägt, ab, die in einem Falle — an der Nordwestecke der untern Gipfelterrasse (Abb. 13) — deutlich die Gestalt von Zähnen zu haben scheinen. — Dieser letztere Umstand sowie das merkwürdige, nach hinten umgebogene Ende des Rüssels, das man in den Abb. 10 und 11 sieht, läßt mich vermuten, daß dieser Rüssel aus der Idee eines in das menschliche Gesicht eingesetzten Schlangenrachens entstanden ist — eine Bildung, die für einen großen Teil der sogenannten sakralen oder figürlichen Grabgefäße der Zapoteken typisch ist.

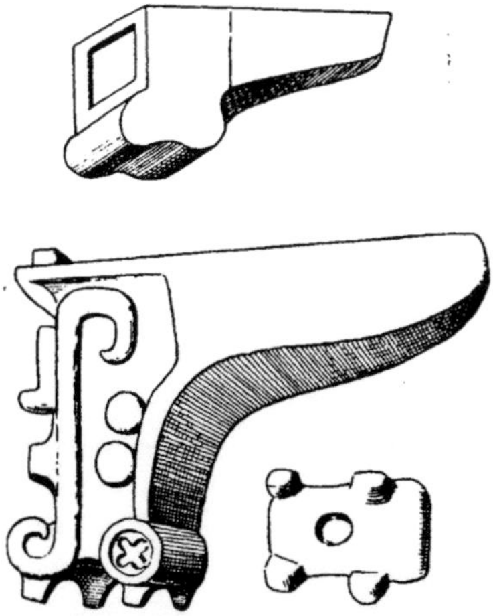

Abb. 13. *Uxmal*. Der »namenlose Hügel«. Untere der beiden Gipfelterrassen. Rüssel von der Maskensäule an der Nordwestecke und ein anderer kleinerer an derselben Stelle gefundener Rüssel. (Sie sind verkehrt gezeichnet, das aufgebogene Rüsselende nach unten, so wie sie jetzt am Boden liegen.)

Ein weiteres sehr merkwürdiges Vorkommen bei diesen Masken der unteren der beiden Gipfelterrassen dieses Hügels ist das menschliche Gesicht, das gerade in der Mitte des unteren Teils der Maske und genau unter dem sogenannten Rüssel angegeben ist (vgl. Abb. 10). Dieses Gesicht hat den zähnestarrenden Rachen der Masken gewöhnlichen Schlages beinahe vollständig verdrängt. Als Residua jenes zahnbewehrten Rachens scheinen in Abb. 10 die S-förmigen Gebilde angesehen werden zu müssen, die links und rechts von dem die Mundöffnung füllenden menschlichen Gesichte zu sehen sind. Sie dürften die Vertreter der langen gewundenen Hauzähne sein, die wir bei den beiden Arten der Elefantenrüsselmasken sowie bei den Göttern, deren Abbilder diese Masken sind, angetroffen haben (vgl. oben S. 12 Abb. 2). Das Auftreten eines menschlichen Gesichts in dem Rachen der Maske Abb. 10

kann als eine Bestätigung der oben von mir gegebenen Deutung des Rüssels dieser Maske dienen. Wir hätten dann hier das bekannte Motiv des Reptilrachens, aus dessen Öffnung ein Menschengesicht hervorsieht.

Ein besonderer Zug an diesen Masken der unteren der beiden Gipfelterrassen des großen Hügels, der anderwärts noch nicht beobachtet worden ist, ist endlich noch das Auftreten seitlicher Ausstrahlungen, die sich deutlich als *itzcouatl-* oder Zacken-(Obsidian-)Schlangenleiber kundgeben, von denen einer, ein kürzerer, von dem oberen, ein zweiter, längerer, von dem unteren Rande der Maske ausgeht (vgl. Taf. III, 1 und Abb. 10).

Abb. 14. *Uxmal.* Der »namenlose Hügel«. Untere der beiden Gipfelterrassen. Reste der Maskensäule an der Südostecke.

Die Seitenwände der oberen der beiden Gipfelterrassen scheinen mit glatten Steinen belegt gewesen zu sein. An den Ecken waren aber auch hier Masken vorhanden — ich gebe in der Abb. 15 die Reste einer solchen, die an der Südostecke dieser Terrasse sich erhalten haben, wieder. Der Rüssel hat hier eine der üblichen durchaus sich annähernde Form. Er gehört zu denen, die abwärts gebogen sind, wie an den Masken des West- und des Nordgebäudes der Casa de las Monjas. Die Vermutung liegt nahe, daß diese obere Terrasse später aufgesetzt worden ist, daß die untere

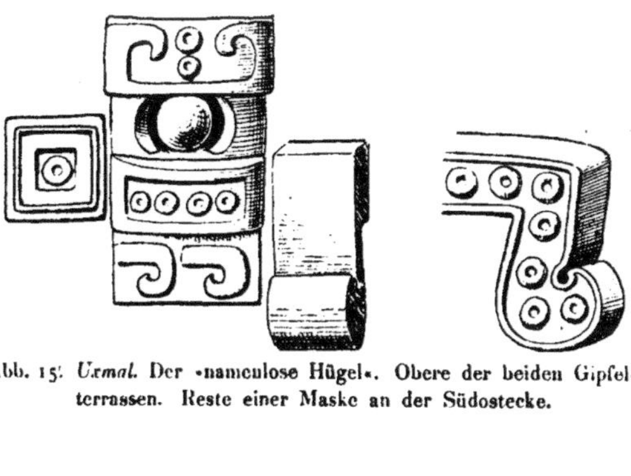

Abb. 15. *Uxmal.* Der »namenlose Hügel«. Obere der beiden Gipfelterrassen. Reste einer Maske an der Südostecke.

Terrasse eine ältere Gipfelfläche darstellte und vielleicht bei der Aufsetzung der oberen zugeschüttet wurde. Das würde erklären, daß gerade von dem Figurenschmucke dieser unteren Terrasse verhältnismäßig viel zum Vorschein gekommen ist. Stephens gibt in der Tat an, daß er die Maske in der Mitte der Westseite der unteren Gipfelterrasse erst ausgegraben habe.

Zu dem Systeme der Casa de Palomas gehören endlich noch die einen nicht unbeträchtlichen Raum einnehmenden Bauwerke im Norden des Nordgebäudes, d. h. im Norden der eigentlichen Casa de Palomas. Vor der ganzen Breite dieses Hauses zieht sich, an der Nordseite etwa 8 m tiefer und etwa 30 m nach vorn sich erstreckend, eine Terrasse hin, zu der an dem Westende der Casa de Palomas einige Hügel pyramidaler Gestalt sich abstufen. Vor dieser Terrasse liegt ein vertiefter Hof, der auf drei Seiten von Gebäuden umgeben ist. An der Südseite bilden die Gebäude den Abfall der Terrasse selbst, deren Höhe ihrer Dachhöhe entspricht.

An der Ost- und Westseite dieses untersten Hofes sind die Gebäude in ähnlicher Weise zwei langen Schenkeln angebaut, die von dem Ost- und Westende der der Casa de Palomas vorgelagerten Terrasse nach vorn (nach Norden) sich erstrecken. An der Südseite dieses untersten, tiefsten Hofes zählt man neun der Terrasse angebaute Zimmer, an der Ost- und Westseite je acht. Bei den letzteren ist an einigen Stellen ein Hinterzimmer erkennbar. Die Häuser sind aus rauhen Quadern erbaut. Die Vorderwände sind überall eingestürzt, nur die Hinterwände und ein Teil der Seitenwände sind erhalten. Die senkrechten Wandstücke haben die reguläre Höhe von 2.38 m, die Gewölbe eine solche von 1.50 m. Unter der Unterkante des Gewölbes zieht eine Auskehlung von 0.25 m Höhe rings um das ganze Gemach. Pfahllöcher sind je eines jederseits in der Auskehlung unter der Gewölbunterkante vorhanden (Abb. 8c, oben S. 23). Vier andere erkennt man oben in den Gewölbseiten nahe dem Abschlusse des Gewölbs. Die Auskehlung der Wand unterhalb der Gewölbunterkante ist durchaus nicht überall vorhanden. In *Uxmal* findet sie sich nur in diesen Zimmern, die den vordersten, tiefsten Hof der Casa de Palomas umgeben. Aber ich kenne diese Auskehlung außerdem z. B. in den Zimmern des zweiten Gebäudes des Ostteils der alten Stadt *Kabah* und in dem mehrstöckigen Hauptpalaste (Bau Nr. 18, Teobert Maler) des Westteils desselben Ruinenorts, ferner in dem zweiten Stockwerke des Hauptgebäudes der Casa de las Monjas von *Chich'en Itzá* und in einigen andern Plätzen.

IV. Nonnenhaus — Casa de las Monjas.

Dem Systeme der Casa de Palomas ist der Komplex, der das »Nonnenhaus« (Casa de las Monjas) und das »Haus des Wahrsagers« (Casa del Adivino) umfaßt, äußerlich ähnlich, insofern dieser Komplex auch aus einem an den vier Seiten von Gebäuden umgebenen Hofe und einer an der Ostseite gelegenen, mit ihrer Fassade nach Westen gekehrten hohen Pyramide besteht. Aber in dem Systeme der Casa de Palomas lag das Durchganggewölbe, das den Eingang in den Hof bildet, an der Nordseite des Systems; die Casa de las Monjas ist von Süden aus betretbar. Das Südgebäude der Casa de las Monjas, das das Eingangsgewölbe enthält, ist im übrigen der Casa de Palomas ähnlich, insofern es auch aus zwei Doppelreihen von Zimmern besteht, von denen die einen nach außen, die andern nach innen, nach dem Hofe zu, sich öffnen. In dem Systeme der Casa de Palomas bildete eine Stufenpyramide, die ein dreizimmeriges Gipfelgebäude trägt, den hinteren Abschluß. In der Casa de las Monjas ist das dem Eingangsgewölbe gegenüber gelegene Haus auch das höchste, aber es ist kein von einer Stufenpyramide getragenes Tempelgebäude, sondern ein einem Kloster ähnlicher Bau, aus einer Doppelreihe von Zellen bestehend, die nach dem Hofe sich öffnen, gleich den Gebäuden, die den Hof an der Ost- und an der Westseite begrenzen. In dem Systeme der Casa de Palomas nahm der auch am Gipfel mit reich verzierten Fassaden ummauerte hohe Hügel die ganze Ostseite des Haupthofes ein. Die Casa del Adivino, die diesem hohen Hügel in dem Komplexe der Casa de las Monjas entspricht, liegt exzentrisch an der Südostecke des von den Gebäuden umgebenen Hofes, von diesem Hofe aus durch die Lücke zwischen dem Süd- und dem Ostgebäude der Casa de las Monjas aus erreichbar. In seinem Aufbaue gleicht dieser Hügel der Casa del Adivino auch viel mehr der Tempelpyramide in dem Hintergrunde der Casa de Palomas als dem »unbenannten Hügel«, der den Hof der Casa de Palomas an der Ostseite begrenzt.

A. Südgebäude.

Das Südgebäude, das Eingangsgebäude der Casa de las Monjas steht auf einer über das Vorland erhöhten Terrasse, die zugleich die Ebene des Hofes ist. Nach Süden springt die Terrasse noch 4.40 m über den Fuß des Gebäudes vor. Die Reste einer Treppe sind sichtbar, die von dem Vorlande nach dem Hofe der Terrasse und zu dem Durchganggewölbe führte.

Das Gebäude besteht aus dem Quergewölbe, das den Durchgang bildet, und jederseits aus einem langgestreckten Doppelgewölbe, dessen Achsen ostwestlich verlaufen. Diese beiden Doppelgewölbe sind an der Außen- und an der Innenseite in je vier Zimmer geteilt (Abb. 16a). Am Ostende ist dem Gebäude noch ein besonderer, ebenfalls aus einem ostwestlich verlaufenden Doppelgewölbe bestehender Bau angefügt, der aber gegen die dem Hofe zugekehrte vordere Fassade zurückgeschoben ist, über die hintere (äußere) Fassade entsprechend vorspringt. Er setzt auf der etwa 2 m höheren Terrasse des Ostgebäudes auf und überhöht infolgedessen mit seinem Gesimse das des Südgebäudes beträchtlich. Da aber der darüber folgende Fries bedeutend niedriger als der des Südgebäudes ist, so überragt der Anbau mit seinem Dachabschluß den des Hauptgebäudes nur wenig. Am Westende fehlt ein entsprechender

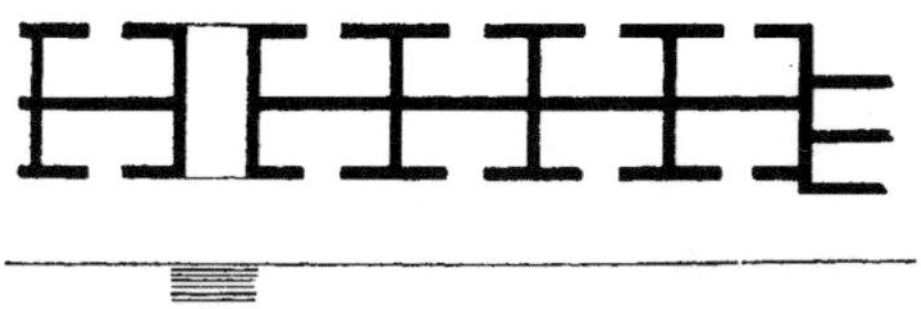

Abb. 16a. *Uxmal.* Casa de las Monjas. Südgebäude. Grundriß der Mittelpartie und des östlichen Flügels.

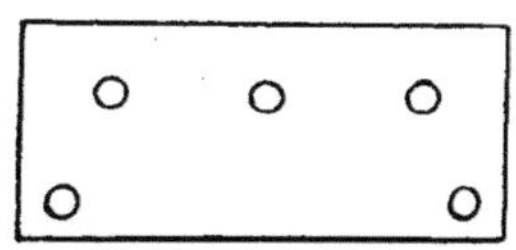

Abb. 16b. *Uxmal.* Casa de las Monjas. Südgebäude. Pfahllöcher.

Bau. Doch schließt hier die bedeutend höhere Terrasse des Westgebäudes an. Es sind danach die Lücken sowohl zwischen dem Südgebäude und dem Ostgebäude, wie zwischen dem Südgebäude und dem Westgebäude, durch eine wallartige Erhebung geschlossen.

Die Zimmer haben eine Wandhöhe von 2.47 m. Die Gewölbseiten sind gerade. Nahe der Unterkante sind zwei, ungefähr in der Mitte der Höhe der Gewölbseite drei Pfahllöcher vorhanden (Abb. 16b). Die bedeutend schmäleren und kürzeren Gewölbe des Anbaus haben ebenfalls gerade Seiten. Dagegen fehlen in dem Durchganggewölbe trotz der größeren Spannweite Pfahllöcher ganz und gar. Das trifft in gleicher Weise für andere Durchganggewölbe zu und ist ein deutlicher Beweis, daß die von Gewölbseite zu Gewölbseite gehenden Pfähle mit einer Stütze nichts zu tun haben. Die Durchganggewölbe waren keine Zimmer, und darum fehlt ihnen das Stangenwerk unter der Decke.

Die Außenseite des Gebäudes zeigt über der glatten Wandfläche ein Friesuntergesims der gewöhnlichen Form, aus zwei schräg vorkragenden

Steinreihen bestehend, die eine senkrecht vorkragende einschließen. Die Dekoration des Frieses ist an der Außen- und an der Innenseite, die dem Hofe zugekehrt ist, die gleiche (Taf. IV). In breiten senkrechten Streifen wechseln glatte Felder, die Gruppen von drei in der Mitte gekröpften Halbsäulen umschließen, mit Feldern diagonalen Gitterwerks, in deren Mitte gerade über den Türen ein Haus und eine Maske angegeben sind, die ich hier in Abb. 17 wiedergebe. Das Haus soll augenscheinlich ein Dach von Quetzalfedern haben. In der Türöffnung zeichnet von Waldeck eine mit untergeschlagenen Beinen sitzende Figur, von der jetzt jedenfalls keine Spur mehr vorhanden ist. Die Masken, die den Raum über dieser Hausverzierung füllen, weichen von allen andern sonst bekannten dadurch ab, daß ihnen der Rüssel fehlt und durch eine Zeichnung ersetzt ist (Taf. IV und Abb. 17), die vielleicht ein in die Ebene gelegtes Rüsselende vorstellen soll. Auch sonst sind diese Masken einfacherer Art. In den Mundwinkeln z. B. sieht man kräftige, deutlich als solche zu erkennende, an den Enden sich einkrümmende obere Hauzähne, während bei den Masken des üblichen Stils dafür ein zum Teil abenteuerliche Formen annehmendes Doppelgebilde zu sehen ist, das wir uns wohl aus dem obern und untern Hauzahne entstanden denken müssen.

Abb. 17. *Uxmal.* Casa de las Monjas. Südgebäude. Friesverzierung (Federdachhaus und Regengottmaske).

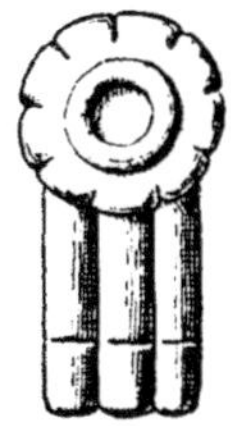

Abb. 18. *Uxmal.* Casa de las Monjas. Südgebäude. Verzierung auf dem mittleren Gliede des obern Hauptgesimses.

Das Friesobergesims, das den Frontabschluß bildet, hat auch die gewöhnliche Form. Seinem mittleren Gliede, der senkrecht vorkragenden Steinreihe, sind in regelmäßigen Abständen Rosetten (Abb. 18) angeheftet, die vielleicht eine Blume, vielleicht einen Edelstein darstellen sollen.

IV. Nonnenhaus — Casa de las Monjas.

B. Ostgebäude.

Das Ostgebäude der Casa de las Monjas (Taf. V), liegt auf einer Terrasse, die etwa 2 m über den Hof und die Ebene des Südgebäudes erhöht ist. Es besteht aus fünf Doppelgewölben, deren Achsen nordsüdlich verlaufen, und vier kleineren, ostwestlich orientierten Quergewölben, die zu beiden Seiten des größern Mittelgewölbes eingeschoben und von ihm aus betretbar sind. Vgl. den Grundriß Abb. 19. Die Front ist nach Westen gekehrt. Der Boden der Hinterzimmer ist gegen den der Vorderzimmer überall um eine Steinreihe, etwa 0.14 m, erhöht. Die beiden kleinen Querzimmer, die links und rechts von dem hintern der beiden Mittelzimmer liegen, haben nach hinten, d. h. in der Rückwand des Gebäudes, zwei kleine Luftlöcher. Die Gewölbe sind von geraden Flächen begrenzt. Nahe der Unterkante erkennt man auf ihnen jederseits zwei größere Löcher. Die Stangen, die in ihnen gesteckt haben, mögen den stärkeren Querbalken des Dachstuhls der yukatekischen Hütte entsprochen haben. Weiter oben am Gewölbe folgen noch zwei weitere Reihen kleinerer Pfahllöcher. Sie sind in der Weise verteilt, daß die der obern Reihe in die Zwischenräume zwischen den Löchern der untern Reihe fallen (Abb. 20a—20c). Wir können uns vorstellen, daß die Stangen, die in ihnen steckten, dem leichteren Sparrenwerke des obern Teiles des Dachstuhls der yukatekischen Hütte entsprachen.

Die Türen des Ostgebäudes waren durch Oberschwellen aus Cedrela- oder einem andern tropischen Holze gebildet. An dem Eingange in die Hinterzimmer liegt vorn, eine Balkendicke höher als die Tür, ein längerer Balken. Hinten, gerade über der Türöffnung, zwei kürzere, die auch durch einen einzelnen gleich langen, aber entsprechend breiteren Balken ersetzt werden können. Das ist eine Anordnung, die man in einer Menge anderer yukatekischer Bauten wiederfindet. Der tiefe Türraum, der durch die uns ganz ungewohnte Dicke der Mauern gegeben ist, gliedert sich dadurch in die eigentliche Tür und einen die Tür vorn umgebenden verbreiterten und erhöhten Rahmen. — Über der Türe sieht man, in diesen Zimmern des Ostgebäudes, jederseits je einen Ringstein, der gerade aus der Wand vorspringt. Es unterliegt wohl keinem Zweifel, daß diese Steine für die Schnur eines Türvorhangs bestimmt waren.

Die Innenwände der Gemächer sind einfach glatt und waren ursprünglich jedenfalls mit Stuck überzogen und wahrscheinlich auch bemalt. Die Querwände, die das vordere der beiden großen Mittelzimmer gegen die beiden kleineren Quergewölbe abgrenzen, haben in der Höhe der untern Gewölbkante ein richtiges Fassadengesims der gleichen Form, wie es die Außenfront

Abb. 19. *Uxmal.* Casa de las Monjas. Ostgebäude.

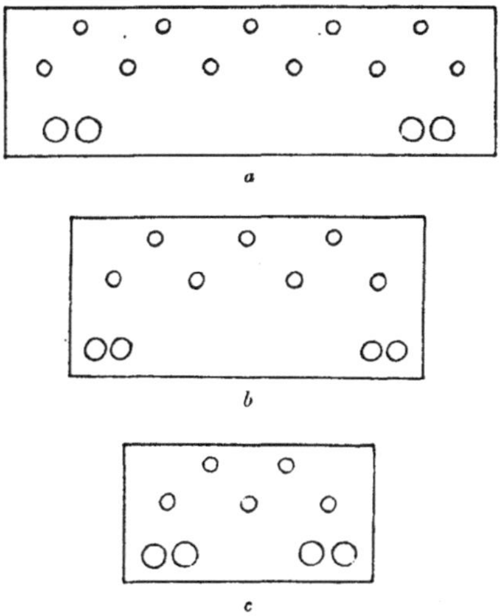

Abb. 20. *Uxmal.* Casa de las Monjas. Ostgebäude.
a. Pfahllöcher auf den Gewölbseiten des großen Mittelzimmers,
b. auf den Gewölbseiten der Seitenzimmer,
c. auf den Gewölbseiten der Nebenzimmer des großen Mittelzimmers.

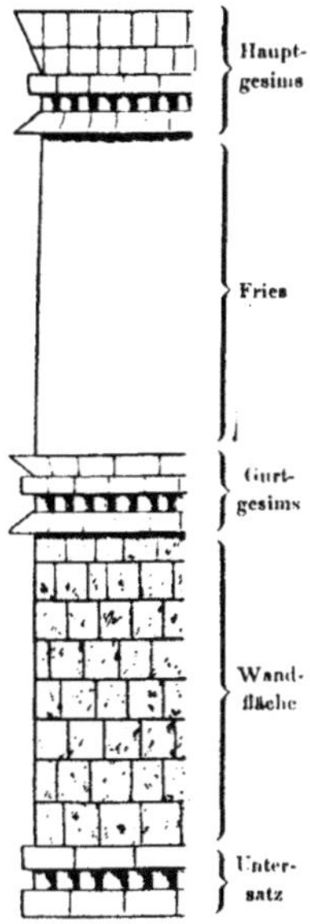

Abb. 20d. *Uxmal.* Casa de las Monjas. Aufriß der Wand des Ostgebäudes.

eines Hauses zeigt, aus einer untern, schräg vorkragenden Steinreihe, einem vertieft liegenden Halbsäulchenband, einer senkrecht vorkragenden Steinreihe und einer obern, schräg vorkragenden Steinreihe bestehend. Siehe die Tafel VI.

An der Außenfront (Abb. 20d) sind Untersatz, Wandfläche, Gesims und Fries regulär entwickelt. — Der Untersatz besteht aus zwei senkrechten vorkragenden Steinreihen, die einen vertieften Streifen einschließen, in dem Gruppen von je vier Halbsäulchen mit glatten Feldern wechseln.

Die Wand ist glatt, aus sieben Reihen gleichmäßig zubehauener Quadersteine bestehend. Die Gesimse setzen sich, wie oben schon gesagt, aus einer schräg vorkragenden Steinreihe, einem vertieften Halbsäulchenbande, einer senkrecht vorkragenden Steinreihe und einer obern schräg vorkragenden Steinreihe zusammen. Das vierte Glied des obern abschließenden Hauptgesimses aber hat eine Steinreihe mehr, deren Oberkante den Rand des flachen Daches bildet. Das ist das normale Verhalten bei der Hauptmasse der yukatekischen Bauten. Ein besonderes Element aber weist hier bei dem Ostgebäude der Casa de las Monjas und in andern Bauten von *Uxmal* das Gurtgesims an den Ecken des Gebäudes auf. Von dem dritten Gliede dieses Gesimses, der senkrechten vorkragenden Steinreihe, springt hier in diagonaler Richtung ein Schlangenkopf vor. An der Südwestecke (Taf. VII, 1) ist dieser Schlangenkopf gerade noch, wenn auch undeutlich, zu sehen, da er stark beschädigt ist. An der Nordostecke (Taf. VII, 2) fehlt er ganz, ist herausgefallen oder ist abgeschlagen worden. Aber bei den andern, noch zu besprechenden Gebäuden der Casa de las Monjas werden wir diesen Schlangenkopf an gleicher Stelle in besserer Erhaltung antreffen. — Das Vorkommen von Schlangenköpfen an dieser Stelle scheint mir ein deutlicher Hinweis zu sein, daß das das Gebäude umgürtende Gesims als eine Schlange gedacht war. In der Tat finden wir z. B. an der Iglesia von *Chich'en Itzá*, dem nördlichen der beiden vorgeschobenen Gebäude, die zu dem Systeme der Casa de las Monjas von *Chich'en Itzá* gehören, und an dem Ostflügel der Casa de las Monjas von *Chich'en Itzá* diese von dem Gesimse vorspringenden Schlangenköpfe als Endigungen eines mit Zacken besetzten Zickzackbandes, das wir aus der mexikanischen Ornamentik als Vertreter eines *itzcouatl*-(Obsidianschlangen-)Leibes kennen.

Abb. 21. *Uxmal.* Casa de las Monjas. Ostgebäude. Rosetten auf dem dritten Gliede des obern abschließenden Hauptgesimses.

An den Ecken des obern abschließenden Hauptgesimses haben vielleicht ähnliche, diagonal vorspringende Schlangenköpfe ihre Stelle gehabt, die jetzt abgebrochen oder abgefallen sind. Auf der Fläche dieses selben dritten Gliedes des Hauptgesimses sitzen in regelmäßigen Abständen Rosetten auf (Abb. 21), die denen an dem Hauptgesimse des Südgebäudes gleichen.

Auf dem Friese der Hinterseite und der beiden Schmalseiten wechseln in breiten senkrechten Streifen glatte unverzierte und mit diagonalem Gitterwerke gefüllte Felder. Auf der dem Hofe zugekehrten Vorderseite (Westseite) des Gebäudes (vgl. Taf. V) ist das Gitterwerk über die ganze Fläche des Frieses ausgedehnt. Von diesem Gitterwerke hebt sich aber in der Mitte der Vorderseite, gerade über der Türe des großen Mittelzimmers, eine aus drei übereinandergebauten Masken bestehende Säule ab. Und

Abb. 22. *Uxmal.* Casa de las Monjas. Ostgebäude. Nordseite der Maskensäule an der Nordwestecke des Frieses.

Abb. 23. *Uxmal.* Casa de las Monjas. Ostgebäude. Südseite der untersten beiden Masken der Maskensäule an der Südwestecke des Frieses.

gleiche Maskensäulen schmücken die vier Kanten des Frieses (vgl. Abb. 22, 23 und Abb. 26). Von diesen drei Masken sind die beiden untersten einander gleich, die obere abweichend. Die beiden untern (Abb. 23) fügen sich in das allgemeine Schema: Wir haben die großen Augen, in denen das Lid durch ein an der obern Kante befestigtes Gebilde von Dachziegelform, die Pupille durch einen in die Mörtelmasse gesetzten, mit einer Kugelfläche endenden Zapfen bezeichnet ist, der aber sehr häufig ausgefallen ist. Wir haben darüber ein augenbrauenartiges Gebilde und unter dem Auge eine die Wangen überhöhende Umrandung. Wir haben den großen Rüssel, der hier nach oben gebogen ist, und haben darunter den breiten zähnestarrenden Rachen, bei dem aber hier aus den Mundwinkeln keine gekrümmten Hauzähne heraushängen. Wir haben endlich die Stirn umkränzt mit einer Art Blumengewinde. — Die oberste Maske aber, sowohl bei der Säule in der Mitte der Vorderfront (Abb. 26) wie in denen an den Ecken des Frieses (Abb. 22), ist reicher gestaltet, mit langen gekrümmten hauzahnartigen Gebilden versehen, die aus den Mundwinkeln heraushängen, und die Partien über und unter dem Auge sind mit besondern Symbolen ausgestattet: An Stelle der Augenbrauen sieht man zwei ovale Gebilde, die durch ihre Größe den Blumenkranz auf der Stirn verdrängen, von ihm nur die Mittelblüte übriglassend, und die auf ihrer Fläche zwei Paare von gekreuzten Totenbeinen tragen. Und statt der Umrandung unter dem Auge tritt frei auf der Wange die Hieroglyphe des Planeten Venus dem Beschauer entgegen. Wir werden derselben Kombination von gekreuzten Totenbeinen und der Hieroglyphe des Planeten Venus auch auf der großen Riesenmaske an der Vorderseite des alten Gipfelgebäudes der Casa del Adivino begegnen, das dieselbe Orientation, nämlich eine nach Westen gekehrte Front hat. Ich habe auf diese Vorkommnisse schon in einer früheren kleinen Veröffentlichung aufmerksam gemacht[1] und habe daraus geschlossen, daß diese beiden Gebäude, sei es als Kultplatz, sei es als Priesterbehausung, derselben Gottheit des Planeten Venus geweiht gewesen seien.

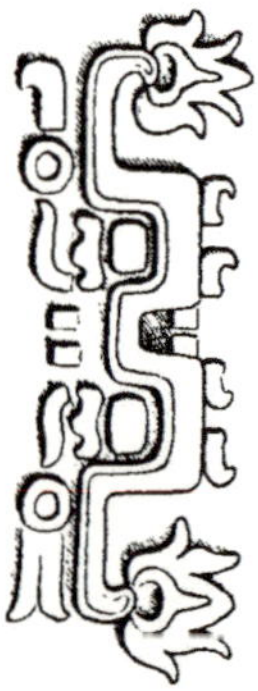

Abb. 24. *Uxmal.* Casa de las Monjas. Ostgebäude. Flachrelief. Schlangenrachen an der Außenseite der Maskensäule an der Südwestecke des Gebäudes.

Abb. 25. *Uxmal.* Casa de las Monjas. Ostgebäude. Flachrelief an der Außenseite der Maskensäule an der Nordostecke des Gebäudes.

Es ist noch zu erwähnen, daß von den Rüsseln dieser Maskensäulen die beiden obersten übereinstimmen, der unterste abweicht. Die der beiden

[1] Siehe meine »Gesammelten Abhandlungen zur amerikanischen Sprach- und Altertumskunde« Bd. III (1908), S. 710—717.

obern Masken zeigen auf den Seiten als Verzierung einen Wechsel von Scheiben und kreuzförmigen Figuren (vgl. Abb. 23); der der untersten Maske ist auf den Seiten nur mit Scheiben verziert.

Für die Gebäude der Ost- und der Westseite der Casa de las Monjas von *Uxmal* ist endlich noch kennzeichnend, daß die Maskensäulen ihrer Friese an den Außenseiten von Flachreliefen begleitet sind, die nach außen sich öffnende Schlangenrachen darstellen, die hier an dem Ostgebäude teils im Profile, zumeist aber en face gezeichnet sind. Sie sind bald vollständig

Abb. 26. *Uxmal.* Casa de las Monjas. Ostgebäude. Die beiden obersten Masken der Maskensäule in der Mitte des Frieses der dem Hofe zugekehrten Westfront. (Die Rüssel sind abgebrochen.)

und regulär entwickelt (Abb. 22, 24 26), bald in inkongruenter Weise aus nicht aneinander passenden Bruchstücken zusammengesetzt (Abb. 25).

Die Maskensäule über der Türe des Mittelzimmers (Abb. 26) ist die einzige ihrer Art auf dem Friese der Westfront des Ostgebäudes. Rechts und links von ihr finden sich, auf dem Gitterwerke der Friesfläche verteilt, andere Gebilde, und zwar je drei Gruppen von je acht übereinander aufgebauten, nach oben an Größe zunehmenden queren Streifen, die an jedem Ende einen Schlangenkopf tragen (Taf. V u. VIII). Von diesen Gruppen kommt je eine jederseits über den beiden Türen des Nord- und Südflügels des Gebäudes zu stehen; zweimal zwei andere nehmen die Mitten der darnach übrig bleibenden vier Friesabteilungen ein (vgl. Taf. V). Der quere Streifen, der gewissermaßen den Leib darstellt zu den Schlangenköpfen, die die Enden des Streifens bilden, besteht aus einer einfachen Steinreihe und einem Streifen Gitterwerks darüber. Die Schlangenköpfe (vgl. Taf. VIII und Abb. 27) haben das nach oben gekrümmte oder eingerollte Schnauzenende der mexikanischen Feuerschlange (*xiuhcoatl*) und zumeist einen deutlichen Kinnbart. Das eigenartige Doppelgebilde, das wie eine gespaltene Schlangenzunge aussieht, das man aber aus den an den Enden sich krümmenden Hauzähnen entstanden sich denken muß, hängt weit aus dem Mundwinkel heraus. In dem Gitterwerk des queren Streifens, der den Leib der Schlange bildet, sind Spuren roter Farbe sichtbar. Auf der Mitte des zweiten Streifens, von oben aus gezählt, sitzt ein voll ausgearbeiteter Kopf, der ein deutliches Eulengesicht zeigt und über einer künstlich geflochtenen Frisur zwei aufrechte Federbüsche trägt (Abb. 28). Man ist versucht, an eine Parallele mit der mexikanischen *Xochiquetzal* zu denken, der jungen schönen Mondgöttin, die oder deren Vertreterinnen, die Käuzchen darstellen, die an dem zur Wintersonnenwende gefeierten Feste vom Himmel herabkommen, und deren kennzeichnender Schmuck auch zwei aufrechte Quetzalfederbüschel auf dem Scheitel sind. — Außer den sechs auf der Fläche des Frieses verteilten Gruppen war noch eine siebente Gruppe von acht, Schlangenköpfe an den Enden tragenden queren Streifen vorhanden, die ihre Stelle über der Maskensäule der Mitte des Frieses hatte, und deren unterster Streifen auf dem untersten Gliede des Friesobergesimses oder Hauptgesimses (der unteren

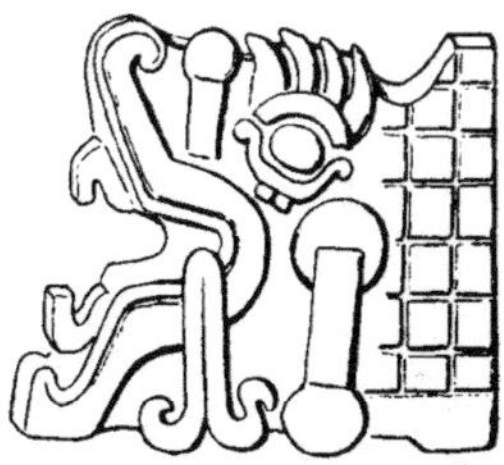

Abb. 27. *Uxmal.* Casa de las Monjas. Ostgebäude. Einzelner Schlangenkopf, von der obersten der acht doppelköpfigen Schlangen der zweiten Gruppe (von Norden aus gezählt). Jetzt abgefallen auf dem Hofe vor dem Nordende der Westfront des Gebäudes. An der Hinterseite ist das Relief mit einem breiten konischen Zapfen versehen, mit dem es in dem Mauerwerke der Wand eingesetzt war.

Abb. 28. *Uxmal.* Casa de las Monjas. Ostgebäude. Westfront. Maske der Mitte der Gruppen von acht doppelköpfigen Schlangen aufsitzend.

schräg vorkragenden Steinreihe) aufsetzte. Von dieser Gruppe sind aber nur die drei untersten Streifen noch vorhanden. Die Schlangenköpfe, die dazu gehörten, fehlen ganz.

Die Darstellung, die von Waldeck in seinem großen Foliowerke von dem Ostgebäude der Casa de las Monjas gibt, weist sehr auffallende Fehler auf. Er hat augenscheinlich nur die den Ecken benachbarten Teile gesehen oder sich notiert. Die Mitteltür zeichnet er gar nicht, und an Stelle der Maskensäule auf dem Friese über der Mitteltür, gibt er eine mittlere (siebente) Gruppe von acht queren Streifen mit Schlangenköpfen an den Enden an. In die Rosetten endlich, die dem mittleren Gliede des abschließenden Hauptgesimses aufsitzen (vgl. oben S. 38 Abb. 21), hat er ein Salomonssiegel gezeichnet, von dem in den Originalen nirgends eine Spur zu sehen ist.

IV. Nonnenhaus — Casa de las Monjas.

C. Westgebäude.

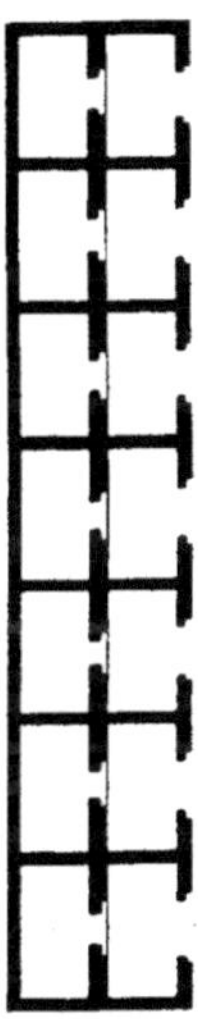

Abb. 29. *Uxmal.* Casa de las Monjas. Westgebäude. Grundriß (vervollständigt).

Das Westgebäude der Casa de las Monjas steht auf einer Terrasse, die den Hof um wenigstens 4 m überragt, und ist vom Hofe aus durch eine Reihe breiter Stufen, die zum Teile noch wohlerhalten sind, zu erreichen. Das Gebäude hat die Front nach Osten und besteht aus einem Doppelgewölbe, dessen Achse nordsüdlich orientiert ist, und das in sieben Doppelzimmer geteilt ist (Abb. 29). Der Boden der Hinterzimmer ist um 0.15 m über den der Vorderzimmer erhöht. Die Wandhöhe beträgt in den Vorderzimmern 2.70 m, in den Hinterzimmern 2.55 m. Das Gewölbe hat gerade Seiten. Pfahllöcher (Abb. 30a) wie in dem Ostgebäude, d. h. also ein Paar großer runder Löcher nahe der Unterkante des Gewölbes an den beiden Enden des Zimmers, und zwei Reihen von Löchern, von denen die der einen Reihe in die Zwischenräume zwischen die der anderen Reihe fallen, weiter oben am Gewölbe.

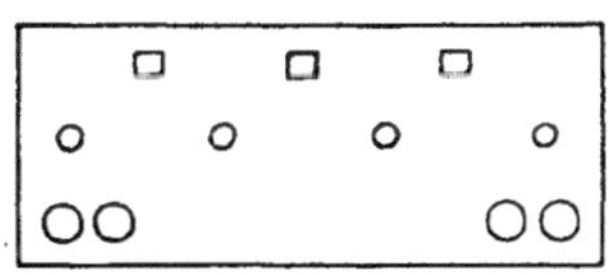

Abb. 30a. *Uxmal.* Casa de las Monjas. Westgebäude. Verteilung der Pfahllöcher auf den Gewölbseiten.

Der Erhaltungszustand dieses Gebäudes ist beträchtlich schlechter als der des Ostgebäudes. Die Hinterwände der Hinterzimmer, die eine geschlossene Mauer bildeten, sind sämtlich eingefallen. Vielleicht war hier das Gemäuer zu nahe dem Rande der steil abfallenden Terrasse aufgesetzt.

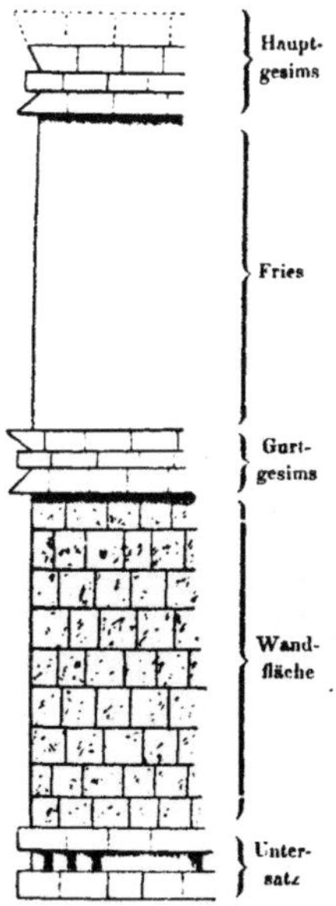

Abb. 30b. *Uxmal.* Casa de las Monjas. Westgebäude. Aufbau der Außenwand.

Die Vorderfronten, die dem Hofe zugekehrt sind, mußten zu von Waldeck's Zeit (1835) noch vollkommen intakt gewesen sein. Das wurde Stephens auch von Don Simon Peon, dem Vater des gegenwärtigen Besitzers der Hacienda von *Uxmal*, bestätigt. Jetzt liegen die vorderen Wände des ersten, zweiten, vierten, fünften und siebenten Zimmers am Boden. Nur die des sechsten Zimmers (von Süden aus gezählt) ist noch erhalten und ein Stück der Wand des dritten. In meinem Grundrisse (Abb. 29) aber habe ich die Wände voll ausgezeichnet. Von Waldeck gibt auch hier einen ganz unmöglichen Grundriß, und in der Frontansicht (Taf. X, 1) zeichnet er nur eine Tür, die der sechsten (von Süden aus gezählt) entspricht.

Die Außenfront (Abb. 30b) hat einen Untersatz, der dem des Ostgebäudes entspricht. Er besteht aus zwei senkrechten vorkragenden Steinreihen, die ein vertieftes Band einschließen, in denen Gruppen von vier kurzen Halbsäulchen mit glatten Wandstücken wechseln. Die Wandfläche ist glatt. Die Gesimse haben hier die gewöhnliche Form, entbehren also des vertieften mit Halbsäulchen ornamentierten Bandes, das bei den Gesimsen des Ostgebäudes zwischen die untere schräge Steinreihe und die senkrechte Steinreihe eingeschoben ist. Aus der senkrechten Steinreihe des Friesuntergesimses springt, wie bei dem Ostgebäude, ein Schlangenkopf in diagonaler Richtung vor (vgl. Taf. IX, 1, 2 rechts und Abb. 31).

Der Fries ist, wie wir das ähnlich an dem Nordgebäude der Casa de las Monjas sehen werden, in Quadranten geteilt, wo, schachbrettartig, mit einem diagonalen *itzcouatl*- oder Zackenstreifengitter gefüllte Quadranten mit großen, in Steinmosaik ausgeführten, in starkem Reliefe hervortretenden

Mäanderwickeln wechseln. Nur wo das Mäanderfeld an eine Maskensäule stößt, ist es gegen diese durch einen Längsstreifen einfachen rautenartigen Stabgitters abgegrenzt (vgl. Taf. XI, 1 und 2). Die Mäanderwickel sind bei dieser Verzierung das Primäre. Sie stehen in unmittelbarer Verbindung miteinander. Die *itzcouatl*-Rautengitter sind nur die Füllung, die den von den Mäanderwickeln freigelassenen Friesstücken — die z. B. bei der unteren Gipfelterrasse des großen Hügels der Casa de Palomas (vgl. oben S. 28 Abb. 9) einfach glatt sind — ein gefälligeres Ansehen geben soll. Die Rautensteine, die als Kern in den Maschen des *itzcouatl*-

Abb. 31 *Uxmal.* Casa de las Monjas. Westgebäude. Einer der Schlangenköpfe, die an den Ecken des Gebäudes von dem mittleren Gliede des Friesuntergesimses (Gurtgesimses) diagonal vorspringen.

a b

Abb. 32. *Uxmal.* Casa de las Monjas. Westgebäude. Rautensteine, die den Kern der Maschen des diagonalen *itzcouatl*-Gitters des Frieses bilden.

a. von der nördlichen Schmalwand,
b. von der östlichen Hauptfront.

Gitters angebracht sind, haben, wie wir das in ähnlicher Weise bei dem Nordgebäude finden werden, verschiedene Gestalt: bald sind es einfache Rautensteine, bald haben sie die Gestalt offener Blüten (vgl. Abb. 32 und Taf. IX, 1 und 2).

Die schachbrettartige Mäanderwickel- und *itzcouatl*-Gitterverzierung geht mit dem Friese um das ganze Gebäude herum. Die Vorderseite (Ostfront) zeichnet sich zunächst durch eine reicher verzierte Gestalt der die Maschen des *itzcouatl*-Gitters füllenden Rautensteine aus, und es sind noch besondere ziemlich auffällige Verzierungen in das Schachbrett des Frieses hineingebracht oder geradezu in dieses hineingekeilt worden. Diese bestehen einerseits in Köpfen oder Büsten, die von einem Strahlen- oder Zackenring umgeben sind und in ziemlich unregelmäßiger

Weise in die Quadranten sowohl der *itzcouatl*-Gitter, wie der Mäanderwickel eingesetzt sind. Man hat den Eindruck, daß das eine Verzierung war, die erst nachträglich und in ziemlich unverständiger und barbarischer Weise in den gar nicht für solche Verzierungen gedachten *itzcouatl*-Gitter- und Mäanderwickelfries eingezwängt worden ist. Von Waldeck scheint diese Köpfe noch ziemlich vollständig gesehen zu haben (vgl. die nach seiner Zeichnung wiedergegebene Fassade Taf. X, 1). Und er gibt von dreien der Gesichter sehr ausgeführte Zeichnungen (Taf. X, 2a, b, c). Jetzt sind von diesen Gebilden nur noch vier erhalten und bei diesen sind überall Kopf und Hände abgeschlagen (Abb. 33a, b). Bei diesen Gesichtern und Büsten im Zackenkranze ist man natürlich geneigt, an Sterngötter zu denken, und das liegt um so näher, als wir hier das Gebäude des Westens vor uns haben, das Haus der Region der untergehenden Sonne, die Hofseite, die z. B. auch in dem einen der Paläste von *Mitla* mit den Bildern des Sterngottes *Mixcouatl* und der ihm gesellten Gestalten geschmückt ist (Abb. 34). Im Codex Cortes 10c (Abb. 35 links unten) sehen wir in der Tat in einem Zackenkranze, der dem der Büsten des Westgebäudes von *Uxmal* durchaus ähnlich ist, das Gesicht eines Gottes, den man deshalb, und weil seine Hieroglyphe mit gewissen Formen der Hieroglyphe des Nordens übereinstimmt, als »Sterngott des Nordens« oder gar als Gott des Polarsterns bezeichnet hat.

In einigen der unteren Quadranten des Frieses dieser dem Hofe und dem Osten zugekehrten Hauptfassade waren die in Rede stehenden Masken oder Büsten im Zackenkranze durch eine ganze Figur ersetzt. Von Waldeck zeichnet noch zwei solcher Figuren, eine nahe dem Nordende und eine zweite nach der Mitte zu (vgl. Taf. X, 1). Heute ist die ganze Mitte der Vorderfront eingefallen, aber nahe dem Südende des Gebäudes ist noch heute eine dieser Figuren in leidlich gutem Zustande erhalten (Abb. 36 und Taf. XI, 2). Sie muß, wenn man nach der Zeichnung von Waldeck's urteilen darf, etwa ähnlich der gewesen sein, die dieser Künstler näher dem Nordende des Gebäudes gesehen hat. Beide halten einen Gegenstand in der Hand, den man geneigt sein könnte als eine Flöte anzusehen. Die Figuren sind frei gearbeitet und mit einem vom Kopfende und von der Beinpartie ausgehenden Zapfen in die Wand eingesetzt.

Eine zweite sehr eindrucksvolle Verzierung hat der Fries an der Hauptfassade des Westgebäudes durch zwei ebenfalls voll ausgearbeitete Figuren

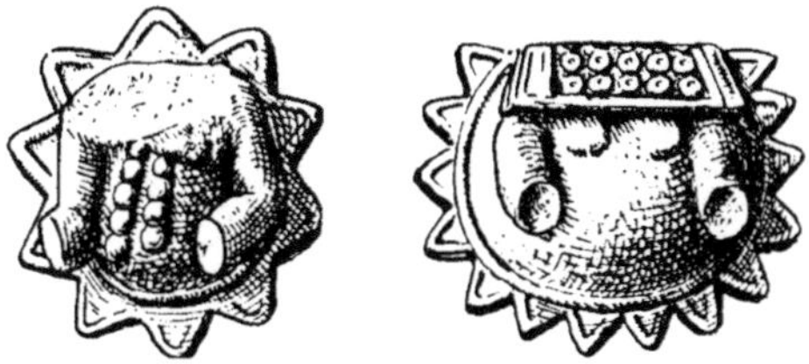

Abb. 33a b. *Uxmal.* Casa de las Monjas. Westgebäude. Torsi von Büsten, von einem Zackenkranze umgeben, aus dem Gitterwerke des Friesstückes, das nahe dem südlichen Ende des Gebäudes von der dem Hofe zugekehrten Hauptfassade sich erhalten hat.

Abb. 34. *Mitla.* Palast I, Fresken an der Westseite des Nebenhofes. Die beiden *Mixcoatl* und der vom Himmel stürzende Hirsch.

Abb. 35. Codex Cortes 10c.

Abb. 36. *Uxmal.* Casa de las Monjas. Westgebäude. Figur eines Flötenbläsers (?), vom Friese des südlichen Restes der Hauptfassade.

von Federschlangen erhalten, von denen die eine mit ihrem Kopfe dem Nordende, die andere mit ihrem Kopfe dem Südende der Fassade zugekehrt ist. Die Leiber ziehen abwechselnd, der der einen an der untern Frieskante entlang, der der andern quer über den obern Quadranten des Frieses, indem sie an dem Ende des Quadranten, nach oben, bzw. unten, abbiegend, sich verschlingen, eine senkrechte Säule am Rande der Quadranten bildend. Oben gehn die Leiber der Schlangen wieder auseinander und ziehen,

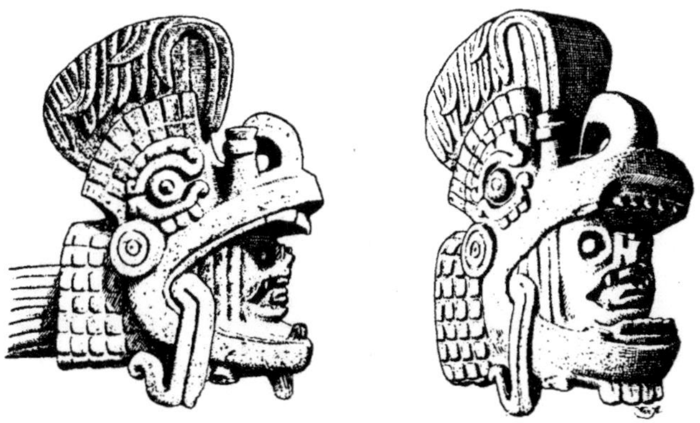

a b

Abb. 37. *Uxmal.* Casa de las Monjas. Westgebäude.
Dem Hofe und dem Osten zugekehrte Hauptfassade.
a. Der auf dem nördlichen Friesreste erhaltene Kopf der einen der beiden die Friesquadranten umziehenden Schlangenleiber.
b. Kopf der Federschlange von dem zerstörten Friese des südlichen Teils des Gebäudes. Jetzt im Museum in Mérida de Yucatan.

der der einen quer über den obern Quadranten, der der andern an der untern Frieskante weiter, um, an der Grenze des Quadranten angelangt, sich wieder zu verschlingen, eine zweite senkrechte Säule bildend und danach wieder auseinandergehend, an der untern Frieskante und quer über den obern Quadranten des Frieses weiter zu ziehen.

Der Kopf der einen Schlange ist nahe dem Nordende des Gebäudes, zwischen der zweiten und der ersten Tür, in dem unteren *itzcouatl*-Rautengitterquadranten zu sehen (Taf. XI, 1 und Abb. 37a). Das Schwanzende der anderen, das mit Schwanzklappern und einem merkwürdigen, etwas weiter oben dem Schwanzende aufsitzenden blumenartigen Federaufsatze versehen ist, ist über dem Kopfe der ersten Schlange in dem Mäanderwickelquadranten angegeben (Taf. XI, 1). Den Kopf der anderen und das Schwanzende der ersten Schlange hat Don Simon Peon, der Besitzer der Hacienda von *Uxmal* zu Stephens' Zeit, noch an ihrer Stelle in dem Mauerwerke des Frieses nahe dem südlichen Ende des Gebäudes gesehen. Er hat den Kopf, der ihn interessierte, herausnehmen lassen. Wieviel von dem Mauerwerke dabei zu Boden gefallen ist, läßt sich heute nicht mehr feststellen. Der Kopf selbst (Abb. 37b) wird jetzt in dem staatlichen Museum in Mérida aufbewahrt. Die Schlange ist, wie häufig in der Maya-Kunst, nur die Verkleidung eines Dämons, dessen Gesicht, von menschlicher Bildung, aus dem geöffneten Rachen der Schlange hervorsieht. Die Augen dieses Gesichts sind mit breiten Ringen umgeben, wie bei dem mexikanischen Regengotte *Tlaloc*, wie es aber auch eine ganze Klasse der interessanten Tonköpfchen von *Teotihuacan* und verschiedene größere und kleinere Figuren der mexikanischen Golfküste zeigen. Der Schlangenrachen zeigt die gewöhnlichen Merkmale: — Hinter dem Schnauzenende aufragend die beiden stabartigen Gebilde, die in den mexikanischen Bilderschriften in der Art der Hieroglyphe *chalchiuitl* »Edelstein« gezeichnet und entsprechend gemalt sind. Und aus dem Mundwinkel tief herabhängend das eigenartige Doppelgebilde, das man aus am Ende sich einkrümmenden Hauzähnen entstanden sich denken muß, das aber auch wie eine gespaltene Schlangenzunge aussieht, die dann allerdings bei En-face-Masken aus beiden Mundwinkeln heraushängen würde. Die Leiber der Schlangen sind mit langen Federn in geordneten Reihen bedeckt. Diese Leiber sind aus säulentrommelartigen Stücken von 0.35 m Länge und 0.22 m Dicke zusammengesetzt, die aber an der einen Seite mit einem breiten Zapfen versehen sind, mit dem sie in das Mauerwerk eingefügt waren (Abb. 38).

Abb. 38. Stück eines der Schlangenleiber, den Zapfen zeigend, mit dem es in die Friesfläche eingesetzt war.

An den vier Ecken des Gebäudes und über den Türen war das Quadrantenschachbrett des Frieses durch Säulen von drei übereinander aufgebauten Masken unterbrochen. Sie sind exakt gearbeitet und durchweg gleichartig. Aus beiden Mundwinkeln hängt das Doppelgebilde heraus, von dem ich oben sprach, das wie eine gespaltene Schlangenzunge aussieht, in dem man aber spiral sich einrollende Hauzähne erkennen muß. Die Rüssel sind nach unten gebogen (Abb. 39, 40 und Taf. IX, 2 und XI, 1). Auf den Unterschied in der Biegung des Rüssels, den das Ost- und das Westgebäude der Casa de las Monjas von *Uxmal* zeigen, hat Frédéric de Waldeck auch wohl seine allgemeine Angabe gestützt: — »Le style asiatique se reconnaît aisément dans l'architecture de ces monuments. L'éléphant symbolique y est figuré sur les coins arrondis des bâtiments, la trompe en l'air du côté du Levant et baissée du côté de l'Ouest[1].«

An den Seiten sind die Masken, wie an dem Ostgebäude, von Flachreliefen eingefaßt, die einen nach außen geöffneten phantastischen Schlangenrachen zeigen, der aber hier durchweg im Profil gezeichnet ist, das eigenartige Doppelgebilde, das man aus einem oberen und einem unteren Hauzahn entstanden sich denken muß, schräg aus dem Mundwinkel herausragend (vgl. Abb. 39, 40).

Abb. 39. *Uxmal.* Casa de las Monjas. Westgebäude. Eine der Masken der Maskensäule an der Nordwestecke des Gebäudes (vgl. Taf. IX, 1), Nordseite.

Das über dem Friese folgende abschließende Hauptgesims ist einfacher als das des Ostgebäudes. Aber es trug ebenfalls wie dieses und wie das Hauptgesims des Südgebäudes der Casa de las Monjas Rosetten, die auf dem mittleren Gliede des Gesimses in gleichmäßigen Abständen angebracht waren. Sie sind an ihrer Stelle nicht mehr vorhanden, aber einzelne finden sich noch in dem Schutte, der den Fuß dieses Gebäudes umgibt.

In der Mitte des Hofes sieht — oder richtiger sah — man auf einem niedrigen quadratischen Untersatze einen runden pfeilerartigen Stein, den sogenannten »picote«, den ich schon von dem Hofe der Casa de Palomas beschrieben habe, und den wir auch in der Mitte des großen Hofes an der Ostseite der Casa del Gobernador finden werden. Der ganze Hof war, wie Frédéric de Waldeck angibt, mit Steinen gepflastert, auf denen der Panzer einer Schildkröte, in hohem Relief gearbeitet, zu sehen war. Er schreibt (a. a. O. S. 97): — »Le pavé du grand rectangle présente une particularité digne de remarque: chaque pierre, grande d'un demi pied

[1] Frédéric de Waldeck, Voyage pittoresque et archéologique dans la province d'Yucatan, Paris 1838, p. 71.

carré, représente sculptée en demi-relief, la carapace d'une tortue: il y a aussi des tortues entières, avec palles, têtes et queue; celles-ci sont groupées quatre à quatre, les têtes réunies vers le même point. De chaque côté de la carapace, on voit un petit ovale qui pourrait bien indiquer un œuf«

Abb. 40. *Uxmal.* Casa de las Monjas. Westgebäude. Zwei Masken der Säule an dem nördlichen Friesreste der dem Hofe und dem Osten zugekehrten Hauptfassade, über der zweitletzten Türe vor dem Nordende (vgl. Taf. X, 1).

(Waldeck, Planche XII B). — Waldeck zählt auf dem Hofe der Casa de las Monjas 43660 (?) solcher skulpierten Steine. Sie müssen unter der Erde und dem Buschwerke, das jetzt den Hof bedeckt, vergraben sein. Bei oberflächlichem Suchen haben wir nichts davon finden können.

IV. Nonnenhaus — Casa de las Monjas.

D. Nordgebäude.

Den an der Nordseite des Hofes belegenen Bauten kommt offenbar die erste Stelle in der ganzen Gruppe der Casa de las Monjas zu. Sie liegen gerade gegenüber dem Eingange in den Hof. Das gegenwärtig noch erhaltene Gebäude auf einer Terrasse, die 8 bis 10 m über der Ebene des Hofes sich erhebt, also höher aufragt als die Terrassen, die die andern

Gebäude tragen. Die dem Hofe zugekehrte Hauptfassade ist die am reichsten geschmückte der ganzen Gruppe. Endlich sind an dieser Hofseite, wie es scheint, noch Reste älterer, einfacherer, primitiverer Bauten vorhanden, über denen sich das gegenwärtige Gebäude erhebt, und dieses selbst ist in späterer Zeit einer sehr merkwürdigen Umarbeitung unterzogen worden, indem es zu einer gewissen Zeit ringsum mit einer ganzen neuen Fassade geschmückt worden ist.

Als Reste älterer Bauten fasse ich die Räume auf, die in der Ebene des Hofes zu beiden Seiten der Treppe liegen, die von der Tiefe des Hofes zu der hohen Terrasse führt, die jetzt das Nordgebäude trägt. Das an der Westseite der Treppe gelegene Gebäude (*B* auf dem Plane Abb. 41) be-

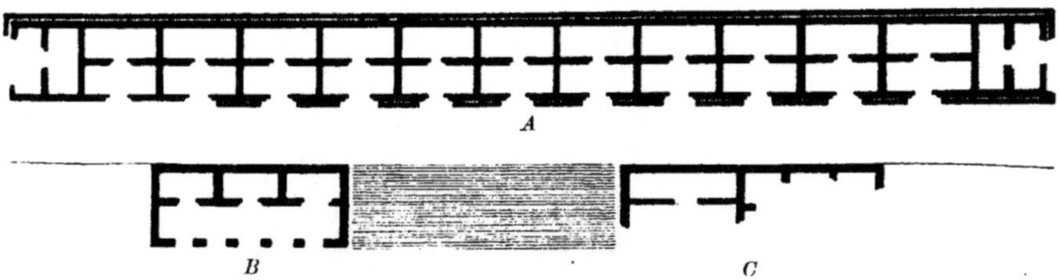

Abb. 41. *Uxmal.* Casa de las Monjas. Nordgebäude und die alten Bauten am Fuße der das Nordgebäude tragenden Terrasse.

steht aus einem Doppelgewölbe, dessen Achsen ostwestlich orientiert sind. Das hintere Gewölbe ist in drei Zimmer geteilt, das vordere bildet eine einzige große Halle. Die Höhe der Wand bis zur untern Gewölbkante beträgt 2.30 m. Das Gewölbe ist von ebenen Seiten begrenzt Nahe der Unterkante ist auf dem Gewölbe jederseits ein Paar großer, runder Pfahllöcher (Abb. 42a) zu sehen und in dreiviertel Höhe darüber eine Reihe von vier ebenfalls großen und runden Pfahllöchern. Auf dem Stuckbelage des Gewölbes sind die Pfahllöcher durch einen großen ringsherum gezogenen roten Ring markiert.

Die Türen, die von den Hinterzimmern zu dem großen Vorderzimmer führen, sind wie bei dem Ost- und dem Westgebäude durch drei Balken gebildet, von denen die beiden hinteren kürzer und eine Balkendicke niedriger angebracht sind, der vordere länger ist und eine Balkendicke höher liegt, — eine Anordnung, der eine Gliederung in die schmälere und niedrigere hintere eigentliche Türöffnung und eine vordere breitere und höhere Umrahmung der Türe entspricht. Über der Türe war jederseits ein **Ringstein** für die Einführung der Schnur eines Türvorhangs angebracht. Die vordere Außenwand hat fünf Türen, die durch Pfeiler getrennt sind. Die letzteren gliedern sich in einen viereckigen Schaftteil, der in der Mitte der Vorderseite eine breite viereckige Auskehlung hat, und in ein Kapitäl, das am unteren und oberen Rande durch ein vorspringendes Gesims abgegrenzt ist und in der Mitte von einem breiteren und stärker vorspringenden Gurtgesimse umzogen ist (Abb. 42c). Zwei dieser Pfeiler, mit ihren Kapitälen in Vorderansicht, sind auf dem Bilde Tafel XIII links unten (vom Beschauer) zu

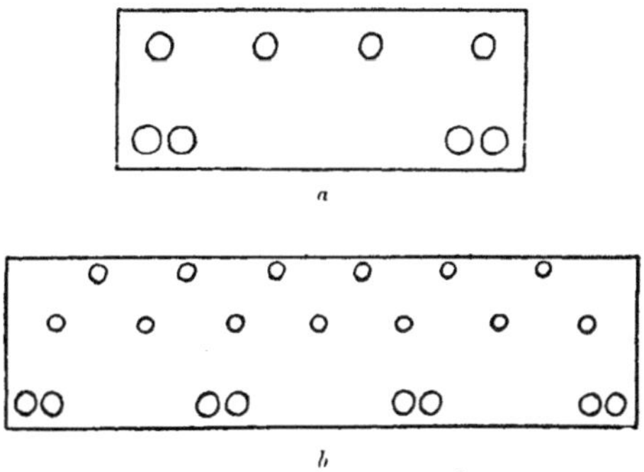

Abb. 42a, b. *Uxmal.* Casa de las Monjas. Altes Gebäude am Fuße des Nordgebäudes. Pfahllöcher in den Gewölben der westlichen und der östlichen Hälfte.

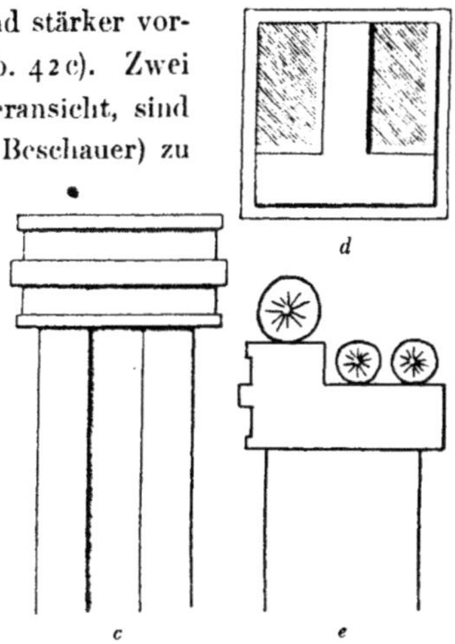

Abb. 42c bis e. *Uxmal.* Casa de las Monjas. Das westliche der beiden alten Gebäude am Fuße der Terrasse, auf der das Nordgebäude liegt. Einer der Pfeiler der Vorderwand, die den Dachrand tragen.

sehen. Auf der Oberseite des Kapitäls sind hinten zwei 0.50 m lange, 0.27 m breite Vertiefungen ausgekehlt, die als Lager für die beiden hinteren Türbalken dienten. Der vordere längere Türbalken lag auf der Kapitäloberfläche selbst auf (vgl. Abb. 42d, e). Der Wandteil der Außenwand ist mit glatten Quadersteinen belegt. Von dem Gesimse und dem Friese ist keine Spur mehr vorhanden.

Der Bau, von dem östlich der Treppe am Fuße der Terrasse des Nordgebäudes noch Reste zu sehen sind (*C* im Plane Abb. 41), besteht in seiner westlichen Hälfte aus einem Doppelgewölbe, dessen Achsen ostwestlich orientiert sind. Die Wandhöhe der Gemächer ist 2.15 m. Die Gewölbseiten sind gerade. Nahe der unteren Gewölbkante sieht man vier Paare großer runder Pfahllöcher. Darüber zwei alternierende Reihen von sieben und sechs Löchern, deren oberste unmittelbar unter den Deckplatten des Gewölbes verläuft (Abb. 42b). Wie bei dem westlich der Treppe belegenen Baue, sind auf dem Stuckbelage des Gewölbes die Löcher durch einen breiten roten, das Loch umziehenden Ring markiert. In dem Hinterzimmer, dem einzigen wohlerhaltenen Zimmer dieses westlichen Teiles des Baues *C*, ist an der Ostseite eine 1.66 m einnehmende, etwa 0.60 m hohe, aus Quadersteinen aufgesetzte, mit einer mit Stuck überzogenen Steinplatte belegte Bank oder Altarerhöhung vorhanden.

Der östliche Teil des Baues *C* besteht aus einer Reihe von drei (oder vier?) kurzen und breiten nordsüdlich orientierten Gewölben, von denen das erste und das letzte in seiner Wandung erhalten ist.

Die beiden Baue *B* und *C* sind augenscheinlich früher als das gegenwärtige Nordgebäude (*A* auf dem Plane Abb. 41), denn ihre Dächer bilden einen Teil der Terrasse, auf der das gegenwärtige Nordgebäude errichtet ist. Der Zeit nach könnten sie mit dem Gebäude zusammengehören, das auf dem Nordende der Westseite des Hofes der Casa de Palomas steht (vgl. oben den Plan S. 21 Abb. 7, das mit dem Buchstaben *B* bezeichnete Gebäude). Denn sie teilen mit diesem die Besonderheit der ringförmigen Ummalung der großen runden Pfahllöcher. Diese alten Gebäude B und C liegen in der Ebene des Hofes, die auch die des Südgebäudes (des Eingangsgebäudes) ist und werden das ursprüngliche Hauptgebäude der Gruppe der Casa de las Monjas gewesen sein, welchem Zwecke auch immer dieses Gebäude und diese Gruppe gedient haben mag.

Das gegenwärtige Nordgebäude der Gruppe der Casa de las Monjas (*A* auf dem Plane Abb. 41) steht auf einer Terrasse, deren Höhe, wie ich schon sagte, der Dachfläche der beiden in der Ebene des Hofes errichteten Baue *B* und *C* entspricht und etwa 8—10 m über den Hof sich erhebt. Die Terrasse ist durchweg aus Steinen aufgemauert, die Wände, wo sie hinten und an den Seiten noch zu sehen sind, mit Quadern belegt. An den Kanten der Terrasse ist eine besondere Verstärkung durch eine Reihe großer abgerundeter Steine geschaffen worden (Abb. 43). Von der Mitte des Hofes führte zwischen den Bauen *B* und *C* eine breite Treppe zur Höhe der Terrasse, die aber jetzt fast ganz zerstört ist.

Das Gebäude, das auf dieser Terrasse sich erhebt, besteht aus elf ostwestlich orientierten Doppelgewölben, die ihre Türöffnung nach Süden haben und je einem nordsüdlich orientierten Doppelgewölbe an jedem Ende, das seine Türöffnung nach der Schmalseite, d. h. nach Osten, bzw. nach Westen hat. Dieses Nordgebäude ist dadurch merkwürdig, daß die Fassaden, die wir heute sehen, eine Ummantelung darstellen, die um ein früheres, fertiges, einfacheres Gebäude, das jetzt den Kern des Baues bildet, in späterer Zeit herumgelegt worden ist. An dem Westende ist von dem nordsüdlich orientierten Doppelgewölbe und dem ersten der ostwestlich orientierten Doppelgewölbe die neue Fassade abgefallen, so daß die alte Fassade in großer Ausdehnung sichtbar ist. Ebenso ist an dem Ostende des Gebäudes an der Schmalseite ein Stück der neuen Fassade abgefallen, und das mit einer Zickzacklinie verzierte Gesims der alten Fassade, das etwas tiefer aufsetzt, dahinter sichtbar geworden (Taf. XII, 2). An der ersten nach Süden sich öffnenden Tür des Ostendes der Hauptfassade, Abb. 44, kann man studieren, wie diese Ummantelung ausgeführt worden ist. Die Türen des alten, jetzt den Kern bildenden Gebäudes hatten den typischen Bau, wie ich ihn bei dem Ostgebäude der Casa de las Monjas beschrieben habe (oben S. 36): — die Oberschwelle hinten durch zwei kürzere Balken, vorn, eine Balkendicke höher als die Tür, durch einen längeren Balken gebildet. Vor dem Wandpfeiler nun, der der äußeren (breiteren und höheren) Türumrahmung entspricht, über der der dritte, längere, eine Balkendicke höher angebrachte Türbalken eingeführt worden ist, hat man jederseits einen zweiten, gleich hohen Wandpfeiler errichtet, der eine zweite äußere Türumrahmung freiläßt, und über diese äußeren Pfeiler einen vierten Balken gelegt, der das Gesims und den Fries der neuen Fassade trägt. Die Zimmer sind daher die des alten Baues, aber die Wand ist infolge der

Abb. 43. *Uxmal.* Casa de las Monjas. Nordgebäude. Nordwestecke der 8—10 m hohen Terrasse, auf der das Gebäude steht. (Nach einer Aufnahme von Caecilie Seler.)

Ummantelung unnatürlich dick geworden. Die Dicke beträgt z. B. am Ostende 1.37 m.

Die Zimmer des Ostendes haben eine Wandhöhe von 2.40 m. Das Gewölbe ist von geraden Seiten begrenzt. **Pfahllöcher** sind zehn vorhanden (Abb. 45a), von denen die beiden untersten, je eins an jedem Ende, noch unter der Gewölbunterkante in der Wand selbst angebracht sind. Die übrigen

Abb. 44. *Uxmal.* Casa de las Monjas. Nordgebäude. Hauptfassade. Die erste, dem östlichen Ende der Fassade benachbarte Tür. Hinter dem Gurtgesimse der neuen angeklebten Fassade wird das mit einer Zickzacklinie verzierte Gesims der alten Fassade sichtbar. (Nach einer Aufnahme von Caecilie Seler.)

acht sind in zwei Reihen geordnet, deren oberste in der Steinreihe unmittelbar unter den Deckplatten des Gewölbes ihre Stelle hat. Die Tür vom Hinter- zum Vorderzimmer ist in üblicher Weise durch drei Balken gebildet. Jederseits über der Tür und in 0.40 m Höhe vom Boden ist ein **Ringstein** für die Schnur eines Vorhanges eingefügt. Den gleichen Charakter haben auch die nach Süden sich öffnenden Gemächer der ostwestlich orientierten Gewölbe.

Das alte, den Kern bildende Gebäude hatte wahrscheinlich eine glatte Wandfläche. Das Gesims, das darüber folgte, ist an vielen Stellen sichtbar. Es hat die gewöhnliche dreigliedrige Form, aber das mittlere Glied, die senkrechte Steinreihe, ist mit einem eingegrabenen Zickzackbande verziert (s. Taf. XII, 2 und Abb. 44). Von dem Friese ist an dem Ostende des Gebäudes unter der Ummantelung noch ein Stück sichtbar. Dies Stück besteht aus einer glatten Quadersteinwand. Vielleicht haben aber mit den glatten Friesstücken ornamentierte abgewechselt.

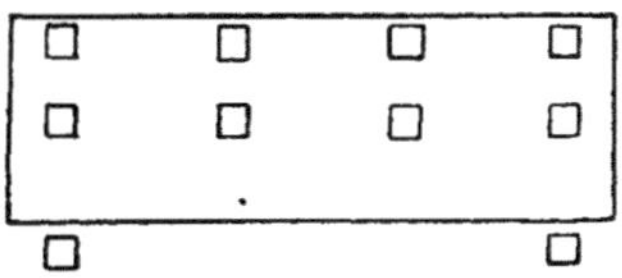

Abb. 45a. *Uxmal.* Casa de las Monjas. Nordgebäude. Pfahllöcher in den Gewölben der Zimmer des Ostendes.

Ungleich reicher ist die neue Fassade (Taf. XIII). Ja man kann sagen, daß sie einen etwas überladenen Eindruck macht, während anderseits klar ist, daß sie in späterer Zeit, unter Verwendung von Materialien älterer Gebäude, hastig und unsorgfältig, stellenweise geradezu die Ornamentteile unorganisch zusammenfügend, hergestellt worden ist. — Der Untersatz (Abb. 45b) ist der gleiche wie bei dem Ost- und bei dem Westgebäude und besteht aus zwei senkrechten Steinreihen, die ein vertieftes Band einschließen, auf dem Gruppen von vier kurzen Halbsäulchen mit glatten Stücken wechseln. Darüber erhebt sich die aus geglätteten Quadern aufgeführte Wand bis zur Höhe von 2.45 m über dem Untersatze. Das Friesuntergesims oder Hauptgesims hat die gewöhnliche dreigliedrige Form. Dem mittleren Gliede, der senkrechten vorkragenden Steinreihe, ist, wie bei dem Ost- und dem Westgebäude, an den Ecken des Gebäudes, in diagonaler Richtung vorspringend, ein voll gearbeiteter Schlangenkopf angesetzt (vgl. Abb. 46 und Taf. XII, 1 und 2). — Was den Fries anlangt, so besteht, wie gewöhnlich, in der Verzierung ein großer Unterschied zwischen der Hinterfront und den Seiten des Gebäudes gegenüber der Vorderfront.

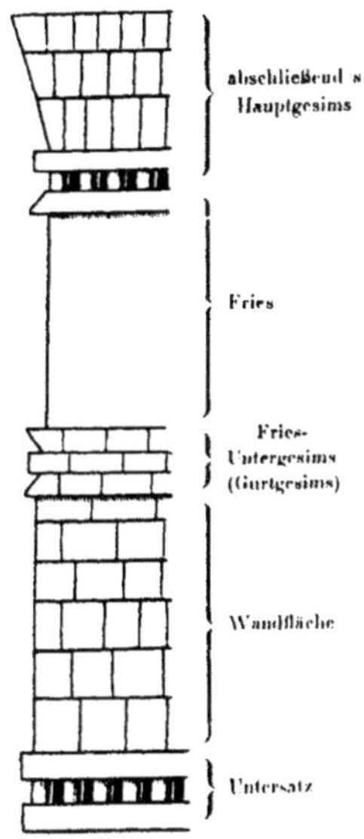

Abb. 45b. *Uxmal.* Casa de las Monjas. Nordgebäude. Aufriß der Fassade.

Auf der Hinterfront (Taf. XII, 1) wechseln glatte Wandstücke mit diagonalem Gitterwerke. Nur unmittelbar neben den die Ecken einnehmenden Maskensäulen ist ein aus einem großen Mäanderwickel und einem Stücke *itzcouatl*-Zackengitter bestehender Doppelquadrant zu sehen, der sich durch einen schmalen Streifen gewöhnlichen Rautengitters von der benachbarten Eckmaskensäule absetzt. In den glatten Stücken des Frieses der Hinterseite des Gebäudes sind wieder, wie bei dem Westgebäude der Casa de las Monjas, in nicht sehr regelmäßiger Weise voll ausgearbeitete, ziemlich rohe Figuren eingesetzt: dem Ostende zunächst eine nackte menschliche Figur, mit herabhängendem Penis, deren Arme gebunden gewesen zu sein scheinen, der also wohl einen Gefangenen dargestellt

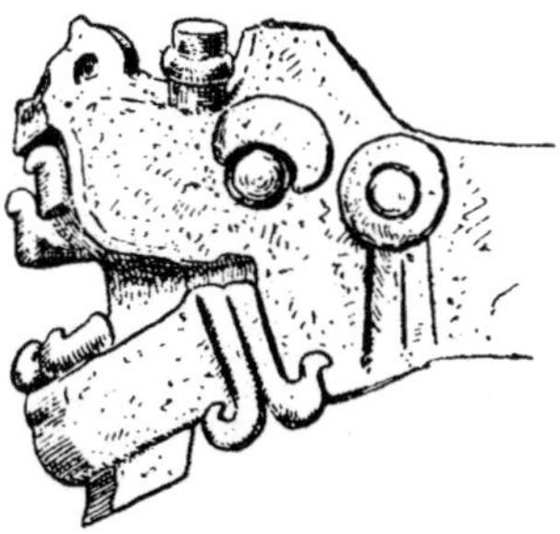

Abb. 46. *Uxmal.* Casa de las Monjas. Nordgebäude. Schlangenkopf, von dem mittleren Gliede des Gurtgesimses an den Ecken diagonal vorspringend.

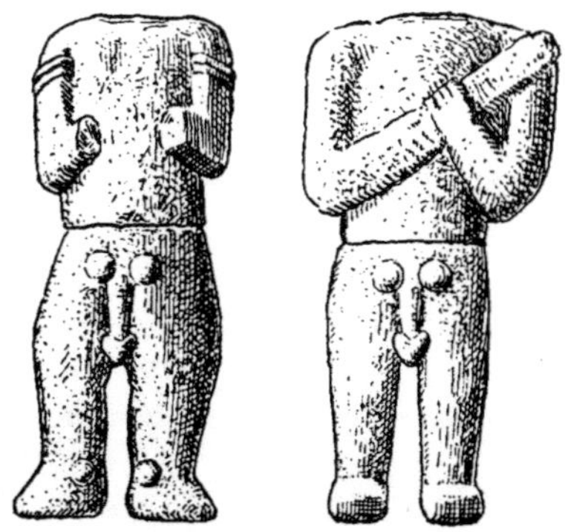

Abb. 47a, b. *Uxmal.* Casa de las Monjas. Nordgebäude. Hinterseite (Nordseite). Steinfiguren von Gefangenen, dem ersten und dritten glatten Friesstücke (von Osten aus gerechnet) eingefügt.

haben wird (Abb. 47a). Dann folgt ein gut gearbeiteter Schlangenkopf von besonderem Typus (Abb. 48). Dann eine zweite, der ersten gleiche Figur eines Gefangenen (Abb. 47b). Teobert Maler sah noch den ganzen Rumpf dieser Figur (vgl. die Photographie Taf. XII, 1). Jetzt ist die obere Rumpfhälfte auch abgestürzt. Das westliche Ende des Gebäudes ist stark zerstört. In dem glatten Wandfelde nahe dem Westende der Hinterfront, und zwar ein ganzes Stück oberhalb der Mitte, ist noch das Bruchstück eines Schlangenkopfes zu sehen (Abb. 49), der dem im zweiten Wandfelde (von dem Ostende aus gezählt) ähnlich gewesen sein muß. In einem andern, dem Westende zu gelegenen Felde war wieder eine menschliche Figur angebracht, von der aber nur der Sockel noch vorhanden ist, der mit eingegrabenen Punkten verziert ist (Abb. 50).

Die Friesfläche der Vorderseite (Südseite) des Gebäudes, die dem Hofe zugewendet ist, ist, ähnlich wie der Fries des Westgebäudes, in zwei Reihen rechtwinklig umgrenzter Stücke geteilt, in denen schachbrettartig Quadranten mit einem großen kräftig herausgearbeiteten Mäanderwickel mit Quadranten wechseln, die mit einem diagonalen *itzcouatl*- oder Zackenbandgitter gefüllt sind (vgl. Taf. XIII—XVI). Die Mäanderwickel sind wohl auch hier als das Primäre, das diagonale Zackenbandgitter als Ausfüllung anzusehen. Die Maschen des Gitters haben einen

Abb. 48. *Uxmal.* Casa de las Monjas. Nordgebäude. Hinterseite (Nordseite). Schlangenkopf, dem zweiten glatten Friesstücke (von Osten aus gerechnet), eingefügt.

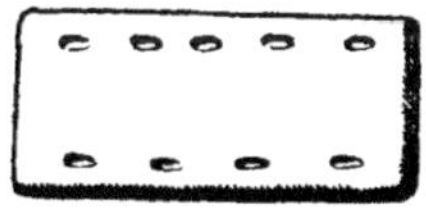

Abb. 50. *Uxmal.* Casa de las Monjas. Nordgebäude. Hinterseite (Nordseite). Sockel einer Steinfigur, die einem der glatten Friesstücke des Westendes eingesetzt war.

Abb. 49. *Uxmal.* Casa de las Monjas. Nordgebäude. Hinterseite (Nordseite). Schlangenkopf in einem der glatten Friesstücke am Westende.

Kern, der, dem Umrisse der Maschen entsprechend, rautenförmige Gestalt hat und bald von geraden Linien, bald von Zackenlinien umgrenzt ist, bald die Gestalt einer Blume hat (Abb. 51). Die Gruppen von je vier Quadranten sind abwechselnd durch eine Maskensäule und durch eine Verzierung in Gestalt eines Hauses getrennt. Und in der Mitte, wo die vier Quadranten einer Gruppe zusammenstoßen, scheinen überall voll ausgearbeitete Figuren eingesetzt gewesen zu sein. Die Einfügung ist auch hier

Abb. 51. *Uxmal.* Casa de las Monjas. Nordgebäude. Hauptfassade (Südfront). Füllsteine in den Maschen der *itzcouatl*-Gitter-Quadranten des Frieses.

in ziemlich unregelmäßiger Weise geschehen, so daß auch hier der Verdacht sich erhebt, daß diese Figuren erst nachträglich in die fertige Fassade eingebracht worden sind.

Die erste Figur, die noch an ihrer Stelle zu sehen ist, findet sich in der Quadrantengruppe zwischen den Türen 4 und 5 (von Westen aus gezählt), und zwar in der Mitte zwischen den beiden oberen Quadranten. Sie stellt einen nackten Gefangenen vor, mit vor der Brust zusammengebundenen Armen (Abb. 52, vgl. auch Taf. XIV und XV). Sonst sind nur noch drei Figuren zu identifizieren, die in den Mäanderwickeln des aus sechs Quadranten bestehenden Ostendes des Frieses des Nordgebäudes, zwischen der Maskensäule *F* (von Westen aus gezählt) und der Maskensäule an der Nordostecke eingefügt gewesen sind (vgl. Taf. XVI). Die erste und die dritte dieser Figuren sind noch an ihrer Stelle. Die erste von ihnen, die in dem westlichen unteren Mäanderwickel ihre Stelle hat, ist eine jetzt kopflose Figur, die in der erhobenen rechten Hand eine Rassel hält, mit der Linken eine Holzpauke, wie es scheint, gegen den Leib gepreßt hat (Abb. 53).

Abb. 52. *Uxmal.* Casa de las Monjas. Nordgebäude. Hauptfassade (Südfront). Steinfigur eines Gefangenen, in der Mitte des Quadrantenvierecks der Friesfläche, zwischen der vierten und fünften Tür (von Westen aus gerechnet).

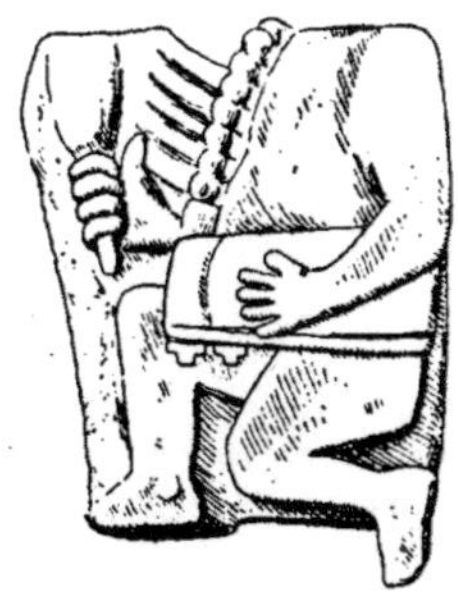

Abb. 53. *Uxmal.* Casa de las Monjas. Nordgebäude Hauptfassade (Südfront). Steinfigur eines Paukenschlägers (?) aus dem Friesstücke nahe dem Ostende der Fassade.

Die zweite Figur, die in dem mittleren Mäanderwickel der oberen Reihe angebracht war, ist jetzt herabgefallen und liegt unten am Boden. Der Kopf ist auch abgeschlagen. Denn die Indianer halten diese Figuren für Dämonen und suchen sie durch Abschlagen des Kopfes unschädlich zu machen. Die Figur scheint einen Flötenbläser vorstellen zu sollen (Abb. 54). Hinter den Armen hängen sonderbare, wie Insektenflügel aussehende Gebilde herab, über deren Natur ich mich nicht zu äußern wage. Die dritte Figur, die in dem östlichen unteren Mäanderwickel ihre Stelle hat (Abb. 55), zeigt einen Vogel mit Menschenkopf und Scheitelfederkamm, der vermutlich den *coxcoxtli*, das Waldhuhn der Tierra caliente, darstellen soll, das Abbild des jungen Maisgottes und Herrn des Lebens, der zugleich als Gott der Musik galt. — Gefangene, Musikanten und der Gott der Musik, das sind offenbar Figuren, die sich auf ein Fest, vermutlich einen Opferritus, beziehen, dessen Gegenstand dann wohl der Sonnengott gewesen sein wird.

Die Hauptverzierung des Frieses besteht in den Maskensäulen. Sie finden sich, wie an den andern Gebäuden, an den vier Kanten des Frieses und über den Türen der (hier nach Süden, dem Hofe zugekehrten) Hauptfassade. Die Masken des Nordgebäudes sind zu

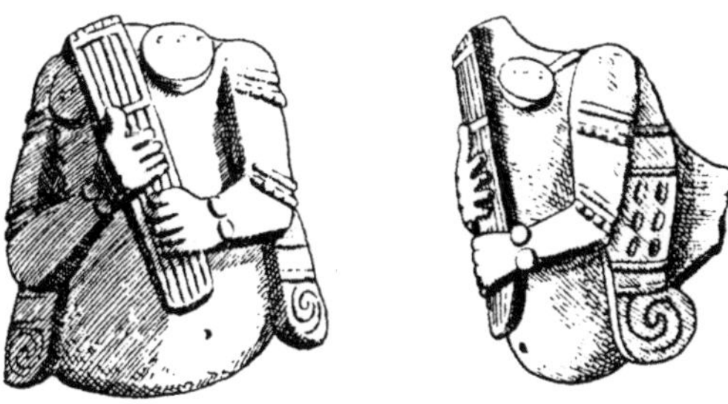

Abb. 54. *Uxmal.* Casa de las Monjas. Nordgebäude. Hauptfassade (Südfront). Steinfigur eines Flötenbläsers (?) aus dem Friesstücke nahe dem Ostende der Fassade.

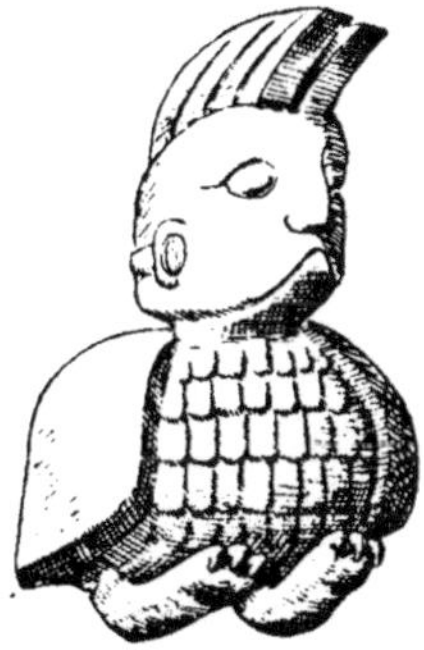

Abb. 55. *Uxmal.* Casa de las Monjas. Nordgebäude. Hauptfassade (Südfront). Steinfigur eines menschenköpfigen Vogels aus dem Friesstücke nahe dem Ostende der Fassade.

vieren übereinander aufgebaut. Die Säulen sind also höher als die des Ost- und des Westgebäudes der Casa de las Monjas, die nur aus drei Masken bestehen, die Rüssel sind, wie an dem Westgebäude, nach unten gebogen.

Die Masken, die die Säulen an den Kanten des Gebäudes bilden (Abb. 56, 57), sind einfacher als die der Hauptfassade und in jeder Säule annähernd gleich. Die ganzen Säulen unterscheiden sich etwas voneinander. Die der

Abb. 56. *Uxmal.* Casa de las Monjas. Nordgebäude. Maske aus der Maskensäule an der Nordostecke des Gebäudes.

Abb. 57. *Uxmal.* Casa de las Monjas. Nordgebäude. Maske aus der Maskensäule an der Südostecke des Gebäudes.

Südostecke (Abb. 57) zeigen weniger reiche, aber stilistisch strengere Formen als die der Nordostecke (Abb. 56). Der Unterschied hat offenbar seinen Grund darin, daß auch diese Säulen nicht für diese Stelle gearbeitet sind, sondern andern, älteren, zerstörten Gebäuden entnommen sind.

Von den Masken, die wir an den Ecken des Ost- und des Westgebäudes der Casa de las Monjas kennengelernt haben (Abb. 22, 23, 26, 39, 40), weichen die Eckmaskensäulen des Nordgebäudes vornehmlich dadurch ab, daß an Stelle der bald en face, bald im Profil gezeichneten Flachreliefe geöffneter Schlangenrachen, die dort die Maskensäulen außen begrenzen (vgl. oben S. 40 Abb. 24, 25), an den Ohrpflock sich ansetzende verzierte seitliche Ausstrahlungen vorhanden sind, die an ähnliche Gebilde der Maskensäulen der Casa de las Monjas von *Chich'en Itzá* erinnern.

An Stelle des Blumenkranzes, der bei den Masken des Ost- und des Westgebäudes der Casa de las Monjas von *Uxmal* die Stirn umgibt, den oberen Abschluß der Maske bildend, sieht man hier bei den Masken der Ecken des Nordgebäudes bald zwei verschlungene Wellenbänder (Abb. 58a), bald auf ein Band gezogene Ringscheiben (Abb. 58b und 58b*), bald zu Reihen geordnete Schlangenschwanzklappern (Abb. 58c und 58c*) die Stirn der Masken umziehen. Die auf ein Band gereihten Ringscheiben (Abb. 58b*), wie die Klappern des Schlangenschwanzklapperkranzes (Abb. 58c*), sind symmetrisch geordnet. Sie ziehen in umgekehrter Richtung von der Mittellinie nach den beiden Seiten Die miteinander verschlungenen Wellenbänder bleiben auf beiden Seiten gleichgewunden.

a 

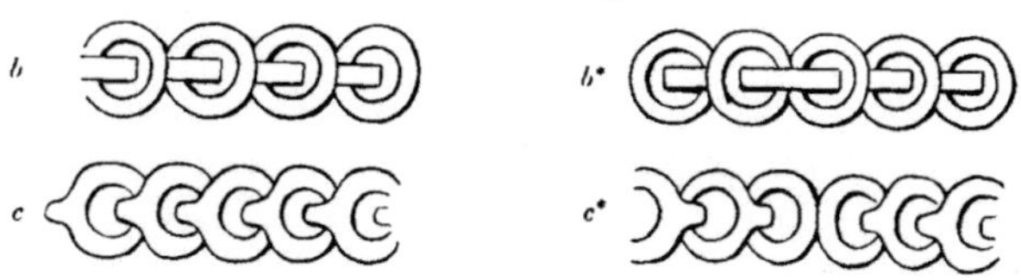

Abb. 58. *Uxmal*. Casa de las Monjas. Nordgebäude. Stirnschmuck der Masken der Maskensäulen des Frieses. — a. Verschlungene Bänder (Schlangenband). — b u. b*. Auf eine Schnur gereihte Ringscheiben. — c u. c*. Schlangenklapperschnur.

Auf dem Friese der nach Süden gekehrten Hauptfassade des Nordgebäudes wechseln über den Türen Maskensäulen mit Bildern von Häusern, die denen am Friese des Südgebäudes ähneln. Die Verteilung ist eine derartige, daß der Anlage nach über der ersten, dritten, fünften, siebenten, neunten, elften Türe (von Westen aus gerechnet) Maskensäulen ihre Stelle gehabt haben sollten, über der zweiten, vierten, sechsten, achten, zehnten Tür dafür Verzierungen in Gestalt eines Hauses. Da aber an beiden Enden des Gebäudes, vor der ersten und hinter der letzten Tür ein breiteres türloses Wand- und Friesstück steht, das der Seitenwand der nach Westen bzw. Osten sich öffnenden Eckzimmer entspricht (vgl. den Plan Abb. 41, oben S. 52), so hat man die erste und die letzte Maskensäule von der Mitte der Tür weg an die Außenseite der Tür gerückt, den Enden des Gebäudes genähert.

Ich bezeichne die Maskensäulen, von Westen aus zählend, mit den Buchstaben *A* bis *F*. Von diesen sechs Maskensäulen sind aber nur vier — *B*, *C*, *D* und die von der zugehörigen (elften) Tür nach außen dem Ostende zu gerückte Maskensäule *F* — vorhanden. Die Säulen *B*, *C*, *D* sind auf den Tafeln XIII und XIV, XV, die Säule *F* auf der Tafel XVI zu sehen. Von den Verzierungen in Gestalt eines Hauses sind nur die über der vierten und über der sechsten Tür (von Westen aus gezählt) erhalten. Die eine ist auf den Tafeln XIII und XIV, die andere auf den Tafeln XIII und XV zu finden. Von den Rüsseln dieser Maskensäulen der Hauptfassade ist keiner mehr ganz intakt geblieben. Wo eine Form noch erkennbar ist, sieht man, daß sie, wie die der Ecksäulen, nach unten gebogen waren. Die Masken selbst fallen durch eine gewisse Überladenheit des schmückenden Details auf. Die der Säulen *B*, *C*, *D* über der dritten, fünften und siebenten Tür (von Westen aus gezählt) sind die reichsten (vgl. Taf. XIV). In der Säule *B* sind die zweite und die dritte Maske (von unten aus gezählt) einander gleich. Die erste (unterste) und die vierte (oberste) weichen ab. Die Masken der Säulen *C* und *D* sind, in Einzelheiten wenigstens, alle verschieden. Die dem Ostende benachbarte Säule *F* (Taf. XVI) enthält vier annähernd gleiche Masken. Die stärkste Variation zeigt sich in den Flachreliefen, die die stark profilierten Masken außen begleiten. Sie sind zum größten Teil unorganisch aus von Masken anderer älterer Gebäude genommenen Bruchstücken zusammengesetzt, teils seitlicher Ohrausstrahlungen, wie sie die Masken der Casa de las Monjas von *Chich'en Itzá* zeigen, teils aber auch von wirklichen Flachreliefschlangenrachen, denen ähnlich, die wir in den Masken des Ost- und des Westgebäudes der Casa de las Monjas von *Uxmal* kennengelernt haben.

Ich gebe in Abb. 59 die erste (unterste) und die beiden obersten Masken der Säule *B* wieder, die über der dritten Türe (von Westen aus gezählt) ihre Stelle hat. Die Augenhöhlen sind hier bei allen vier Masken durch besondere Seitenstücke begrenzt, die im allgemeinen in den beiden Augenwinkeln gleich verziert sind, bei der dritten Maske (von unten aus gezählt) aber im innern und im äußern Augenwinkel abweichende Verzierungen aufweisen.

Die Mundwinkel der untersten Maske der Säule *B* haben eine besondere Bildung. Sie zeigen einen im Profil gezeichneten geöffneten, mit Zähnen besetzten Schlangenrachen. Es wäre nicht unmöglich, daß hier die Vorstellung des in ein Menschengesicht eingesetzten Schlangenrachens vorliegt, die in besonders ausdrucksvoller Weise in den sogenannten sakralen Gefäßen der Zapoteken uns entgegentritt.

Die dritte Maske (von unten aus gezählt) und die in Abb. 59 nicht wiedergegebene zweite haben auf den Brauen drei miteinander verschlungene Paare von Totengebeinen, die den zwei Paaren auf den Brauen der obersten Masken der Maskensäulen des Ostgebäudes der Casa de las Monjas zu vergleichen sind, die auf den Wangenstücken unter dem Auge die Hieroglyphe des Planeten Venus tragen (vgl. oben S. 39 Abb. 22 und S. 41, Abb, 26). Hier bei der zweiten und dritten Maske der Säule *B* des Nordgebäudes sind die Partien unter dem Auge quergeteilt. Die eine Hälfte erinnert in der Tat etwas an die Hieroglyphe des Planeten Venus. Die andere Hälfte stellt eine Zahnreihe dar und ergänzt die erste zu einem En-face-Gesichte.

In der Ohrpartie der Masken der Säule *B* finden sich verschiedene Unregelmäßigkeiten. Und die Flachreliefe, die die Masken auf beiden Seiten einrahmen, sind in der untersten und der obersten Maske aus nicht aneinanderpassenden Stücken zusammengefügt. In der dritten Maske scheint das linke Relief (das rechts vom Beschauer) richtig zusammengefügt, müßte aber mit seiner Wurzel, die in der Mitte der Seite rechts vom Beschauer liegt, der linken Kante des großen viereckigen linken Ohrpflocks angefügt sein (vgl. Abb. 56, 57).

Von der Maskensäule *C*, die über der fünften Türe (vom Westende aus gezählt) ihre Stelle hat, sind nur die drei untern Masken noch erhalten (Taf. XIV u. XV und Abb. 60). Die Mundwinkel sind hier überall, wie bei der untersten Maske der Säule *B*, durch ein Gebilde ersetzt, dem

Abb. 59. *Uxmal.* Casa de las Monjas. Nordgebäude. Innen- oder Hauptfassade (Südfront). Erste (unterste) und dritte und vierte Maske der Maskensäule *B* über der dritten Türe (vom Westende aus gezählt).

Abb. 60. *Uxmal.* Casa de las Monjas. Nordgebäude. Innen- oder Hauptfassade (Südfront). Erste bis dritte Maske (von unten) der Maskensäule *C* über der fünften Türe (vom Westende aus gezählt).

offenbar die Idee eines offenen Rachens zugrunde liegt, dessen Öffnung dem Munde der großen Maske zugekehrt ist.

Die Augenbrauen und die Wangenpartien unter dem Auge sind hier halbkreisförmig gebogen und berühren einander mit den Bogenenden, indem keine die Augenwinkel bezeichnenden seitlichen Stücke dazwischentreten. Die Verzierung der Unteraugenpartie ist überall gleich. Die Augenbrauen der untersten Maske und die der dritten Maske (von unten aus gezählt) stimmen im Umrisse und in der Flächenzeichnung ebenfalls überein. Auf den Brauen der zweiten Maske sieht man eine künstliche, aus zwei miteinander verbundenen Spiralrollen bestehende Zeichnung, die genau in der gleichen Weise und mit demselben Unteraugenstücke kombiniert, auf den Eckmasken zu sehen ist, die die östliche Hauptfront des Ostflügels der Casa de las Monjas von *Chich'en Itzá* begrenzen[1]. Diese Eckmasken von *Chich'en Itzá* sind überhaupt die genauen Parallelen zu der zweiten Maske der Säule *C* des Nordgebäudes von *Uxmal*, nur haben die Masken von *Chich'en Itzá* nach oben gebogene Rüssel, die von *Uxmal* nach unten gebogene.

In der Ohrpartie zeigen die Masken der Säule *C* viel Variation. Die die Stirne umgebenden Kränze fehlen ganz. Nur in der untersten Maske sieht man über der Ohrpartie jederseits ein Element eingefügt, das die Zeichnung zweier miteinander verschlungener Wellenlinien trägt, die an Stelle eines Blumenkranzes stehen könnten. Sie dienen dort offenbar als Lückenbüßer.

Die Flachreliefe zu den Seiten der Maskensäule sind hier in den beiden untern Masken in Gestalt verzierter S-förmiger Gebilde entwickelt. Diese könnten ganz wohl Vertreter oder Ersatz der geöffneten Schlangenrachen sein, die man, bald en face, bald im Profile gezeichnet, als Flachreliefe die Maskensäule des Ost- und des Westgebäudes der Casa de las Monjas einrahmen sieht. Die S-förmige Zeichnung (mexikanisch *xonecuilli*) ist in der mexikanischen Hieroglyphik Symbol des Blitzes. Und das gleiche kann man von den Schlangen sagen.

Während die Säule *B* durch einen aus glatten Stücken bestehenden Stab gegen die Quadranten der Hauptfläche des Frieses abgegrenzt war, ist bei der Säule *C* zwischen den Flachreliefen, die die Maskensäule außen begleiten, und dem den Fries abgrenzenden glatten Stabe noch ein schmales

[1] Siehe meine »Gesammelten Abhandlungen zur amerikanischen Sprach- und Altertumskunde« Bd. V (Berlin 1915), S. 223.

diagonales Rautengitter eingeschoben (vgl. Taf. XIV, die Maskensäule zur Rechten).

Die Maskensäule *D*, die über der siebenten Türe ihre Stelle hat (Taf. XV und Abb. 61), ist unvollständig, die unterste Maske ist ganz, die zweite zum größten Teile zerstört. Die Masken, die erhalten sind, zeichnen sich durch eine vollständigere und reichere Entwicklung ihrer Elemente

Abb. 61. *Uxmal.* Casa de las Monjas. Nordgebäude. Innen- oder Hauptfassade (Südfront). Zweite bis vierte Maske (von unten) der Maskensäule *D* über der siebenten Türe (vom Westende aus gezählt).

aus. Diese Masken sind, wie die der Ecksäulen, durch einen die Stirn umgebenden Kranz voneinander abgegrenzt, der bald aus Blumen, bald aus auf ein Band gezogenen Ringscheiben oder Schlangenschwanzklappern besteht. Abweichend von dem Verhalten an den Ecksäulen, das ich in Abb. 58b*, c* wiedergegeben habe, sind hier die Ringscheiben oder Schlangenschwanzklappern der beiden Hälften des Stirnbandes der Maske einander zugekehrt. Das ist offenbar nicht das richtige Verhalten. Es sind eben hier die betreffenden Stücke anderer Bauten unorganisch zum Aufbau dieser Masken verwendet worden. Darum sieht man auch in der obersten der drei Masken der Abbildung 61 in einen aus Blumen bestehenden Kranz ein Stück mit Ringscheiben oder Schlangenschwanzklappern eingefügt. Hier haben eben die Blumen nicht mehr gereicht.

Die Augenhöhlen sind in der unteren und in der mittleren Maske der Säule *D* (Abb. 61) von gerundeten Seitenstücken eingefaßt; die der obersten Maske durch Stücke, die dieselbe Verzierung haben wie die betreffenden Stücke der Masken *B* (oben Abb. 59). Oberlippenstreifen und Kinnstreifen sind durch besondere Verzierungen (Ringe oder Halbringe) hervorgehoben. Die Mundwinkel der obersten Maske werden durch Reliefstücke gebildet, die im allgemeinen Umriß an die geöffneten Schlangenrachen in den Mundwinkeln der untersten Maske der Säule *B* (Abb. 59) und die ähnlichen Gebilde in den Mundwinkeln der drei Masken der Säule *C* (Abb. 60) erinnern, sich aber doch von diesen sehr wesentlich dadurch unterscheiden, daß das ohrartige Gebilde an dem äußern obern Ende des Stückes, das den Mundwinkel der untersten Maske der Säule *B* (Abb. 59) bildet, durch einen richtigen Ohrpflock mit heraushängenden Schellenriemen ersetzt ist.

Die äußere Umrahmung der Maskensäule besteht hier aus Flachreliefen, die in korrekter und reicher Zeichnung die Gestalt eines nach außen geöffneten Schlangenrachens wiedergeben, mit seinen zahnbewehrten Kiefern, dem hauzahnartigen Doppelgebilde, das aus dem Mundwinkel heraushängt, dem Kinnbarte, dem großen Auge und der nicht minder großen Braue und dem hohlen Ohrpflocke darunter, aus dem das Schellenband heraushängt. Während die Mehrzahl dieser Teile, vor allem die beiden Kiefer selbst mit ihrem Zubehör, in richtigem Flachrelief gearbeitet sind, das nach Art eines Mosaiks in die Wand gesetzt ist, sind Augenbraue und Ohrpflock mit langem Zapfen versehen und ragen weit aus der Ebene des Frieses heraus, und zwar in annähernd gleicher Höhe bei sämtlichen dieser Schlangenrachen, die die seitliche Umrahmung der Masken dieser Säule bilden. Diese Schlangenrachen sind aber insofern unabhängige Gebilde, als sie nicht in dem richtigen Maße auf die Masken der Säule verteilt sind, auch geradezu durch Zwischenräume voneinander getrennt sind. Sie werden auch in Wirklichkeit unabhängige Gebilde sein. Denn es unterliegt keinem Zweifel, daß auch sie von einer andern Stelle hergeholt und nolens volens an den Außenseiten der Maskensäule hier in den Fries des Nordgebäudes eingezwängt worden sind. Der Architekt des Nordgebäudes hat in der Tat eine Trennung vorgenommen, die aber vielleicht auch nur dem Zwecke einer

Lückenausfüllung diente, indem er diese Schlangenrachen von der Ohrpartie der Masken durch einen senkrechten Stab abgrenzte, der auf der Oberseite die Zeichnung zweier miteinander verschlungener Wellenlinien trägt.

Abb. 62. *Uxmal.* Casa de las Monjas. Nordgebäude. Innen- oder Hauptfassade (Südfront). Zweite bis vierte Maske (von unten aus gezählt) der Maskensäule *F*, nach außen von der letzten, dem Ostende der Fassade benachbarten Türe.

Die Masken der letzten Säule, die ich mit dem Buchstaben *F* bezeichnet habe, die nach außen von der elften Tür (von Westen aus gezählt) ihre Stelle hat (vgl. Taf. XVI), sind in Abb. 62 wiedergegeben. Es sind vier im wesentlichen gleiche Masken — die unterste ist in Abb. 62 fortgelassen.

Ein Abschluß durch einen Stirnkranz ist nur der dritten Maske von unten und der obersten gegeben, und zwar besteht der Kranz hier nicht aus Blumen, sondern aus auf ein Band gezogenen Ringscheiben.

Die Augenbrauen sind gerundet, von der Form derer in einigen der Masken der Säule *C* (oben S. 65, Abb. 60). Aber während in den Masken der Säule *C* diesen gerundeten Augenbrauen in gleichem Ausmaße gerundete Wangenstücke entsprechen, die mit ihren Bogenenden die der Augenbrauen berühren, sind hier in der Säule *F* nach oben geradlinig begrenzte Wangenstücke mit den Augenbrauen verbunden. Offenbar eine unorganische Vereinigung, die auch eine Verwendung von lückenausfüllenden Steinen in dem innern Augenwinkel oder in dem innern und dem äußern Augenwinkel notwendig gemacht hat. Die Wangenstücke selbst sind zweierlei Art. Die der zweiten Maske von unten, der untersten der Abb. 62, stimmen mit denen der obersten Maske überein. Die der dritten Maske weichen ab.

Der Mund ist überall mit winklig herausragenden Eckzähnen versehen. Die Seitenzähne aber haben verschiedene Gestalten — bald spitz gefeilt und gerade, bald hakenartig gekrümmt.

In den großen viereckigen Ohrpflöcken ist auch Variation. Die der dritten Maske von unten haben eine knopfförmige Verzierung, die den andern Masken fehlt. Noch ein größerer Wechsel ist in den von den Ohrpflöcken nach oben und nach unten ausstrahlenden Gebilden bemerkbar. Hier ist wieder klar, daß irgendwelche Stücke, die zur Hand waren, der gleichen Klasse angehörend, aber von verschiedenen Bauwerken stammend, verwendet worden sind.

Das gilt in noch viel höherem Maße von den Flachreliefen, die die Masken der Säule außen begleiten. Bei der dritten Maske von unten finden wir z. B. im obern Drittel dieser äußern Umrahmung Flachreliefe eingefügt, die in der obersten Maske der Säule *D* (oben S. 67, Abb. 61) die Mundwinkel außen begrenzen. Ein innerer Zusammenhang zwischen den bei einer und derselben Maske angebrachten Stücken ist nirgends bemerkbar. Es ist eben Flickwerk ohne Sinn und Verstand, die Arbeit eines vom Raubbau lebenden Epigonengeschlechts.

Ich erwähnte oben schon, daß die Maskensäulen der Hauptfassade des Nordgebäudes der Casa de las Monjas, da sie sich aus vier Masken zusammensetzen, höher sind als die der andern Gebäude desselben Systems. Hierzu kommt aber noch, daß diese Maskensäulen des Nordgebäudes noch eine besondere Bekrönung, eine fünfte Maske, sozusagen, haben, die eine Art *Tlaloc*-Gesicht — das Gesicht des mexikanischen Regengottes, darstellt, mit seinen runden, von Ringen umgebenen Augen, dem queren Nasenstabe und dem schnurrbartähnlichen, an den Enden sich einrollenden Gebilde auf der Oberlippe — das alles aber hier noch umrahmt von der Kombination von Trapez und Dreieck, der monumentalen Form der Kombination von Ring und Strahl, die in den Handschriften der Codex-Borgia-Gruppe sowie denen der Gruppe der Wiener Handschrift und den

Abb. 63–66. *Uxmal.* Casa de las Monjas. Nordgebäude. Hauptfassade (Südfront). Reste der Bekrönungen der Maskensäulen *B*, *C*, *D* und *F*.

sogenannten mixtekischen Handschriften das Zeichen des Jahres ist. Ich habe in den Abb. 63—66 die Reste dieser *Tlaloc*-Gesichter, so wie sie noch heute als Bekrönungen auf den Maskensäulen *B*, *C*, *D* und *F* zu sehen sind, wiedergegeben und in der Abb. 67 aus den verschiedenen Resten ein annähernd vollständiges Bild dieser *Tlaloc*-ähnlichen Masken rekonstruiert, das zugleich zeigt, wie sich diese Bekrönungen von der obersten Maske der Maskensäule absetzen.

Ich habe mich nicht gescheut, den Namen *Tlaloc* für diese Bekrönungen anzuwenden. Denn diese von dem Symbole des Jahres umrahmten Gesichter erinnern, gerade auch durch diese Umrahmung, in so auffallender Weise an das Gesicht des mexikanischen Gottes, daß die nächstliegende Annahme in der Tat die sein muß, daß die Baumeister, die aus Resten alter Bauten diese Prunkfassade an der dem Hofe zugekehrten Seite des Nordgebäudes zusammenflickten, für die Bekrönungen der Maskensäulen sich Stücke aus einem mexikanischen Bauwerke zusammengesucht haben. — Ich will indes nicht unterlassen, darauf aufmerksam zu machen, daß es auch unzweifelhafte Erzeugnisse eines im Maya-Stile arbeitenden Künstlers gibt, in denen dieselben Elemente, wie in diesen *Tlaloc*-Masken, wenn auch in anderer Stilisierung, auftreten. Ich führe z. B. eine kleine bemalte Tonrosette an, die Erwin P. Dieseldorff

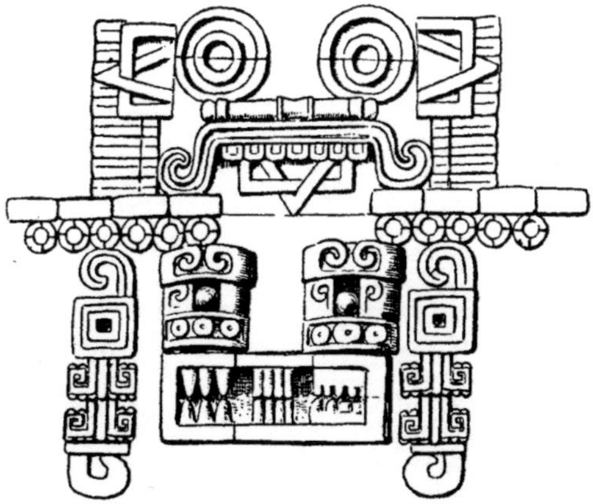

Abb. 67. *Uxmal.* Casa de las Monjas. Nordgebäude. Hauptfassade (Südfront). *Tlaloc*artige Maske, von den Zeichen des Jahres umrahmt, Bekrönung der Maskensäulen des Frieses und oberste Maske der Säule B (vgl. S. 65, Abb. 59).

in *Chajcar* bei San Pedro *Carchá* in der Alta Vera Paz gesammelt hat, und die oben in der Mitte der kleinen Tafel Abb. 68 wiedergegeben ist. Hier haben wir dieselben runden von einem Ringe umschlossenen Augen — allerdings noch mit je einer Braue versehen — sowie die Andeutung eines Nasenstabs und das an den Enden sich einrollende Gebilde auf der Lippe vor uns, wie in den beschriebenen *Tlaloc*-Masken des Nordgebäudes der Casa de las Monjas. Aber das Gesicht ist hier von einem Strahlenkranze umgeben, in dem, wie in dem mexikanischen Sonnenbilde, die vier Richtungen durch Hauptstrahlen bezeichnet sind, und aus dem geöffneten Munde schaut nicht die Zahnreihe des mexikanischen Regengotts, sondern die winklig ausgefeilten Zähne des Sonnengotts der Maya-Stämme hervor. Hier unterliegt es keinem Zweifel, daß dieses Gesicht ein Lichtwesen, Sonne oder Mond, darstellen soll. Ich habe deshalb auch in einem früheren Aufsatze die oben als *Tlaloc*-Gesichter bezeichneten Bekrönungen in ähnlicher Weise gedeutet.

Die Maskensäulen auf dem Friese der Hauptfassade des Nordgebäudes haben ihre Stelle über den Türen des Gebäudes. Und mit ihnen wechseln, wie ich oben schon sagte, Verzierungen in Gestalt eines Hauses, die

Abb. 68. Bemalte Tonrosette aus *Chajcar* bei San Pedro *Carchá* (Alta Vera Paz, Guatemala). Sammlung Erwin P. Dieseldorff.

den Friesraum über den nicht durch Maskensäulen ausgezeichneten Türen in ähnlicher Weise füllen. Von ihnen sind allerdings nur die über der vierten und der sechsten Tür (vom Westende des Gebäudes aus gezählt) noch erhalten (vgl. Taf. XIII—XV). Die letztere, das Haus auf dem Friese über der sechsten Tür, habe ich in Abb. 69 wiedergegeben. Es erhebt sich über einem Unterbaue und hat die gewöhnliche Form eines mit Palmblattflechtwerk überdachten Hauses. Nur daß hier statt der Bedachung mit Stroh oder Palmblattflechtwerk augenscheinlich ein Dach aus Quetzalfedern dargestellt sein soll, das im übrigen, wie das gewöhnliche Palmblattdach, in verschiedenen Absätzen aufsteigt, und dessen First, auch in zwei Absätzen aufsteigend, durch ein festeres, mattenartiges Geflecht hergestellt ist. Wir hatten diese hausartigen Verzierungen auch auf dem Friese der dem Hofe zugekehrten Fassade des Südgebäudes der Casa de las Monjas angetroffen (siehe oben S. 35, Abb. 17), dort aber mit einer Maske kombiniert, und über jeder der Türen des Gebäudes. Die Hausverzierungen auf dem Friese der Hauptfassade des Nordgebäudes zeichnen sich, jenen gegenüber, dadurch aus, daß zu jeder Seite des Daches drei Schlan-

Abb. 69. *Uxmal.* Casa de las Monjas. Nordgebäude. Hauptfassade (Südfront). Friesverzierung über der Tür 6, mit den Maskensäulen wechselnd.

genköpfe herausragen, die als die Enden von ebensovielen Schlangenleibern zu gelten haben. Die Köpfe der Schlangen haben die gewöhnliche Form — aufgebogenes Schnauzenende, großes, von einer Braue überwölbtes Auge, zwei aufrechte Edelsteinstäbe an der Wurzel des Schnauzenendes und das Doppelgebilde aus dem Mundwinkel heraushängender, an den Enden sich einkrümmender Hauzähne. Die untersten Schlangenköpfe sitzen an der Stelle, wo der obere Dachabsatz den untern überschneidet. Hier ist von einem Schlangenleibe nichts zu sehen. Das zweite Paar von Köpfen ist an der Stelle angebracht, wo der obere Dachabsatz und der untere der beiden mattenartig geflochtenen Firststreifen aneinandergrenzen. Für diese beiden Köpfe ist eine Art Leib vorhanden in Gestalt eines doppelten, vielfach zusammengebundenen (Zeug-?)Streifens, der an der bezeichneten Stelle dem Dache aufliegt. Das dritte Kopfpaar ragt über die Schneide des Dachfirstes empor und bildet die Enden eines Leibes, der in doppelter Krümmung dem Dachfirst aufliegt und sich durch die Bauchplatten und durch die dreieckigen, mit gekreuzter Strichelung erfüllten, d. h. als schwarzer Farbe zu denkenden Rückenflecken als richtiger Schlangenleib kennzeichnet.

Eine Besonderheit zeigen auch noch die Türpfosten dieser Häuser, indem die massiven, unverzierten, glatten Pfostenstücke von einem säulentrommelartigen, mit einer Verkröpfung in der Mitte versehenen Endstücke gekrönt sind.

Bei dem Hause Abb. 69, das über der sechsten Tür der Hauptfassade des Nordgebäudes angebracht ist, also die eigentliche Mitte dieser elf Türen aufweisenden Fassade darstellt, sind an der Türschwelle, dem obern Gliede des Friesuntergesimses oder Gurtgesimses der Fassade aufsitzend, noch zwei Rücken an Rücken sitzende Puma oder Jaguare zu sehen, deren Schwänze sich bandartig verschlingen (vgl. Abb. 69). Annähernd das gleiche zeigt uns eine aus einem einzigen Blocke gehauene Figur von 3′ 22′ Länge und 2′ Höhe, die Stephens und Catherwood[1] aus einem kleinen Hügel gruben, der auf dem großen Hofe an dem Ostfuße der Casa del Gobernador etwa 60′ östlich von dem sogenannten »picote« angetroffen wurde, dem Steinpfeiler, der den zärimonialen Mittelpunkt dieses Hofes bezeichnet. Die Figur ist jetzt in dem Wirtschaftsgebäude der Hacienda *Uxmal* eingemauert, an der rechten Seite der Treppe, die zu der Galerie und den Wohnräumen des ersten Stocks emporführt. Ich habe sie in Abb. 70 wiedergegeben. Die Maße dieser Figur sind ungefähr die glei-

Abb. 70. *Uxmal.* Steinfigur eines doppelten Jaguars oder Pumas, von Stephens und Catherwood aus einem Hügel gegraben, der sich östlich der Mitte des großen Hofes an dem Ostfuße der Casa del Gobernador befand. Nach einer Zeichnung Catherwood's.

[1] Incidents of Travel in Yucatan, p. 182. 183.

chen wie die, die das entsprechende Bildwerk vor der Schwelle der Hausverzierung Abb. 69 aufweist. Es ist mir daher sehr wahrscheinlich, daß auch das Stück Abb. 70 von dem Friese der dem Hofe zugekehrten Hauptfassade des Nordgebäudes stammt.

Über dem Friese des Nordgebäudes der Casa de las Monjas ist endlich noch ein reichgegliedertes oberes oder abschließendes Hauptgesims vorhanden (vgl. Taf. XIV—XVI). Es besteht aus einer untern schräg vorkragenden Steinreihe, einem vertieften Halbsäulchenbande, einer senkrechten, vorkragenden Steinreihe und drei Reihen in umgekehrtem Sinne schräg vorkragenden Steinreihen, die den Abschluß bilden. Die Vorderfläche der senkrecht vorkragenden Steinreihe zeigt an der Hinterseite des Baues und auch an einigen Stellen der Vorderseite ein von Horizontallinien eingefaßtes Zickzackband (Abb. 71). Das Muster entspricht dem auf der senkrechten Steinreihe, die das zweite (mittlere) Glied des Friesuntergesimses des alten, von der neuen Fassade ummantelten Baues bildet (vgl. Taf. XII, 2; Taf. XVI und oben S. 56, Abb. 44). Nur sind die Linien hier nicht, wie dort, voll eingegraben, sondern bestehen aus vertieften Punkten, ähnlich der Verzierung, die, wie wir sehen werden, der mittlere Teil der Front des Gipfelgebäudes der Casa del Adivino trägt. Da diese Art der Verzierung sonst beinahe nirgends vorkommt, so sind wir vielleicht berechtigt, die neue Fassade des Nordgebäudes der Casa de las Monjas und das Gipfelgebäude der Casa del Adivino und somit auch die letzte Erhöhung dieses Bauwerkes als ungefähr gleichaltrig anzusehen.

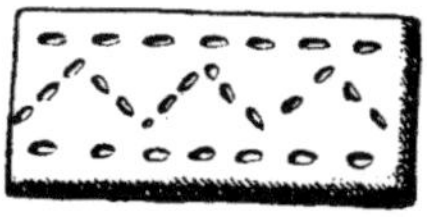

Abb. 71. *Uxmal.* Casa de las Monjas. Nordgebäude. Hauptfassade (Südfront). Punktverzierung auf der senkrechten Steinreihe, die das dritte Glied des abschließenden Hauptgesimses bildet.

Demselben mittleren Gliede dieses abschließenden Friesobergesimses sind in bestimmten Abständen frei ausgearbeitete Schlangenköpfe aufgesetzt (Abb. 72), ähnlich denen, die man

Abb. 72 a, b. *Uxmal.* Casa de las Monjas. Nordgebäude. Hauptfassade (Südfront). Schlangenköpfe, dem mittleren Gliede des Friesobergesimses, des abschließenden Hauptgesimses, aufgesetzt.

auf dem mittleren Gliede des Friesuntergesimses an den Ecken des Gebäudes angebracht sieht (vgl. oben S. 58, Abb. 46). In der Regel fallen vier solcher Drachenköpfe auf den Raum zwischen zwei Maskensäulen.

Abb. 73. *Uxmal.* Casa de las Monjas. Nordgebäude. Vorderseite (Südfront). Maske, dem Friesobergesimse angefügt über der Tür 4.
a. Gegenwärtiger Erhaltungszustand.
b. Nach einer Photographie Désiré Charnay's vervollständigt.

Über dem vierten Gliede endlich dieses Friesobergesimses, d. h. über der untersten der drei schräg vorkragenden Steinreihen, die den Abschluß des Gesimses bilden, und gerade über der Stelle, wo in dem Friese die Häuser mit dem Federdache und den doppelköpfigen Schlangen auf dem Firste angebracht sind, setzt je eine, aber anscheinend nur zwei Glieder zählende Säule von Masken einfacherer Art (Abb. 73) auf, deren Rüssel, gleich denen der andern Masken dieses Gebäudes, nach unten gebogen sind. Der obere Abschluß durch einen die Stirn überspannenden Kranz von Blüten, der sicher ursprünglichster Bestandteil der Masken war, ist hier deutlich und eindrucksvoll. Die Augen sind verhältnismäßig klein. Augenbrauen und Wangenstücke sind gerundet und berühren sich mit den Bogenenden, wie in den Masken der Säule *C* (S. 65, Abb. 60), aber sie sind unverziert. Aus den Mundwinkeln ragen Hauzähne normaler Größe und Gestalt. Auch die Ohrplatten sind normal, und der Aufbau ihrer obern und untern Ausstrahlungen oder Gehänge ist verständlich. Die Stücke sind offenbar von einem besondern alten Baue einfacheren Stils an diese überladene Fassade gebracht worden.

V. Haus des Wahrsagers — Casa del Adivino.

A. Eingangsgebäude und Erdgeschoß.

Mit der Casa de las Monjas hängt das System der Casa del Adivino sehr eng zusammen. Von der Südostecke des Hofes der Casa de las Monjas führte ein Weg zwischen zwei auf einer erhöhten Terrasse liegenden, gleichartig und symmetrisch gebauten Häusern, hinab in den Hof, von dem der Hauptaufgang auf die große Pyramide ausgeht, die seit alter Zeit den Namen Casa del Adivino, »Haus des Wahrsagers«, trägt, und es scheint, als ob die beiden abschließenden oder angebauten Gemächer an dem Ostende des Südgebäudes der Casa de las Monjas (vgl. den Plan oben S. 34, Abb. 16) gegen die Front des Südgebäudes nach Süden deshalb zurückgerückt worden sind, weil hier eine Wegbreite geschaffen werden mußte für den Abstieg in den Hof der Casa del Adivino. Dieser Hof hat eine Breite von 41 m und eine Tiefe von 24 m. Er ist auf drei Seiten, Norden, Westen, Süden, von Terrassen von ungefähr 8 m Breite umsäumt, während an der Ostseite die große Pyramide sich erhebt, deren Basis mit einer Breite von 72 m und einer Tiefe von 48 m nach beiden Seiten weit über die Grenzwälle des Hofes hinaus sich erstreckt.

Die Grundfläche dieser Pyramide stellt übrigens nicht, wie wir dies bei andern, insbesondere den mexikanischen Bauten, zu sehen gewöhnt sind, ein scharfes Rechteck dar, sondern die Ecken sind stark abgerundet. Das gleiche beobachteten wir schon bei der Terrasse, die das Nordgebäude der Casa de las Monjas trägt, und es zeigt sich auch in andern yukatekischen Bauten.

Abb. 74. *Uxmal.* Die beiden Casas de los pájaros.

Die beiden Eingangsgebäude, die sich auf der den Hof im Westen begrenzenden Terrasse erheben und den Weg von dem Hofe der Casa de las Monjas zu dem Hofe vor der Front der Casa del Adivino flankierten, sind symmetrisch und gleichartig gebaut (Abb. 74) und bestanden, wie es scheint, jedes aus drei in einer Reihe liegenden, nordsüdlich orientierten Zimmern, die durch ein Durchganggewölbe verbunden gewesen waren, und denen in der Mitte an der Ostseite ein viertes Zimmer angefügt ist, das eine Tür nach Osten hatte und einen Zugang zu dem mittleren und dem äußeren der drei in einer Reihe liegenden Zimmer bot. Die Wandhöhe beträgt 2.25 m. Die Gewölbe haben sanft gerundete Seiten und breite Deckplatten. Pfahllöcher sind je eines an jedem Ende, nahe der untern Gewölbkante vorhanden; weiter oben näher der obern Gewölbkante zwei Reihen von je vier Löchern, die der untern Reihe in die Zwischenräume der obern fallend (Abb. 75a). Die Wände sind aus regelmäßig zubehauenen Quadern aufgeführt. An der Innenwand des Mittelzimmers des nördlichen der beiden Häuser ist der Stuckbelag noch erhalten und zeigt an den Kanten Streifen roter Bemalung und unter der Gewölbunterkante an dem Südende der Westseite und dem Westende der Nordseite noch Reste einer rings um das Gemach laufenden einfachen (oder doppelten?) Reihe von Hieroglyphen, mit roter Farbe auf weißem Grunde gemalt (Abb. 75b).

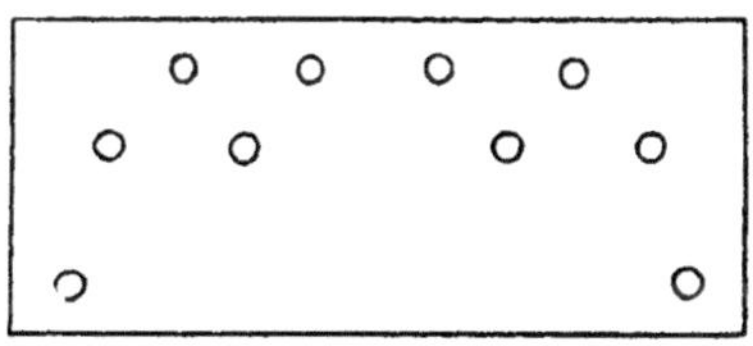

Abb. 75a. *Uxmal.* Casa de los pájaros. Pfahllöcher.

Die Hinterwand (Westwand) der beiden Häuser ist geschlossen. Der Untersatz ist zur Zeit verschüttet. Die Wandfläche ist glatt. Das untere Friesgesims, das Gurtgesims, besteht aus einer schräg vorkragenden Steinreihe, einem vertieften Halbsäulchenband und einer senkrechten vorkragenden Steinreihe. Der senkrechte Fries ist mit Halbsäulchen verziert, die aus einem glatten 0.48 m langen Schaftteile unten und oben und einer mittleren Verkröpfung von 0.30 m Höhe bestehen (vgl. Taf. XVIII rechts unten und Textabb. 75 c). Diese Halbsäulchenfriese und Halbsäulchenwände geben augenscheinlich die aus aneinander gereihten Stangen oder Bambusrohren bestehenden, Luft durchlassenden Wandteile wieder, die in den yukatekischen Häusern mit aus Steinen aufgemauerten und mit Kalkbelag versehenen Wandstücken abwechseln (vgl. Taf. XVII). Die Verkröpfungen in der Mitte der Halbsäulchenfriese und Halbsäulchenwände der Steinhäuser entsprechen genau den Stellen, wo in den heutigen Rohrhütten eine Querstange über die die Wand bildenden Stangen oder Rohre gebunden ist. Steinhäuser mit solcher Holzarchitekturverzierung begegnen einem vielfach unter den Bauten von Yucatan. Ich habe den Eindruck, daß diese Holzarchitekturverzierung die Nebengebäude kennzeichnet, und bin geneigt, die Tatsache zum Vergleiche heranzuziehen, daß hier in Yucatan, wie anderwärts in der Tierra caliente, die Küche in einem besonderen Hause untergebracht ist, und daß dieses Küchenhaus ausnahmslos Wände aus Stangen oder Baumzweigen hat, auch wo das Haupthaus aus Aufmauerung besteht oder durch Kalkbewurf innen und außen eine geschlossene Wand bekommen hat.

Abb. 75 b. *Uxmal.* Casa de los pájaros. Reste von Hieroglyphen an der Innenwand des Mittelzimmers des Nordgebäudes.

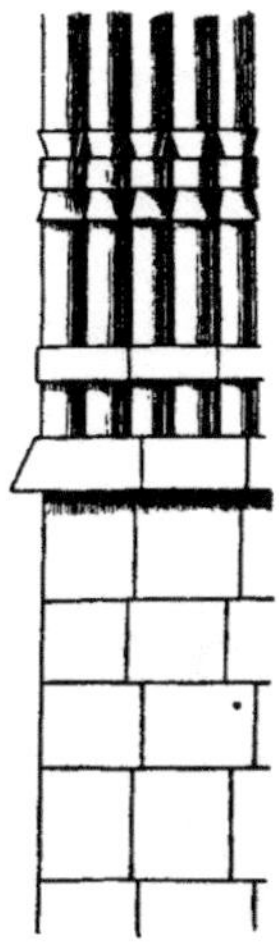

Abb. 75 c. *Uxmal* Casa de los pájaros. Aufbau der Fassaden der Hinterwand und der Seitenzimmer.

Die Vorderwände (Ostwände) der in einer Reihe liegenden hinteren Gemächer haben dieselbe Halbsäulchenverzierung am Friese wie die Hinterwand. An den Seiten und der Vorderwand (Ostwand) der beiden in der Mitte der Ostfront vorspringenden Gemächer aber sind das Friesuntergesims und der Fries durch ein in steiler Schrägung über der glatten Wandfläche aufsteigendes Hausdach ersetzt, das unten mit einer ziemlich senkrechten Steinreihe beginnt, die, wie es scheint, aus Mattengeflecht bestehende Fransen nachahmt. Darüber folgt ein Band aufgereihter Ringscheiben, und darüber endlich die eigentliche Dachfläche, aus sieben Reihen dachziegelförmig sich deckender und auch die Gestalt von Dachziegeln aufweisender Stücke (Blätter oder Federn) bestehend. In der zweiten, vierten und sechsten Reihe dieser Dachziegel waren steinerne Vogelfiguren eingesetzt, von denen in der zweiten Reihe und besonders deutlich in der sechsten Reihe noch eine an ihrer Stelle erhalten ist (Abb. 76). Und es ist daher mit Recht für diese beiden Eingangsgebäude, zwischen denen man zu dem Hofe der Casa del Adivino absteigt, der Name Casa de los pájaros, »Vogelhaus«, vorgeschlagen worden.

Abb. 76. *Uxmal.* Südliches der beiden Casas de los pájaros. Nördliche Außenfront des in der Mitte der Ostfassade vorgeschobenen Einzelzimmers.

Über diesem Dache ist noch ein Stein der untersten schräg vorkragenden Steinreihe des Friesobergesimses erhalten, das an den andern Wänden dieser beiden Gebäude vollständig verlorengegangen ist.

Die Casa del Adivino oder die »Pyramide de Kingsborough«, wie sie v. Waldeck nannte, ist eines der stolzesten Gebäude dieser Ruinenstätte. Aber hier, mehr noch als bei andern Gebäuden, kann man sehen, wie dieser Bau allmählich gewachsen, und wie er durch An- und Überbauten verändert worden ist.

Ursprünglich war die Casa del Adivino ein niedriger Bau, der aber doch schon eine reichentwickelte Fassade hatte, dessen Errichtung augenscheinlich in eine Zeit vorgeschrittenen künstlerischen Schaffens fiel. Dieser erste Bau bildet jetzt das Erdgeschoß der Casa del Adivino. Seine Fassade wäre wahrscheinlich schon längst bis zur Unkenntlichkeit zerstört, wäre nicht gerade ihr mittlerer und Hauptteil durch die Treppe, die man später über sie gelegt hat, vor der Vernichtung bewahrt worden. Dieses jetzige Erdgeschoß hatte auch, gleich den spätern Überbauten, seine Front nach Westen, nach dem Hofe und den dahinter folgenden beiden Casas de los pájaros. Dieser ebenerdige Bau scheint ursprünglich aus einer Doppelreihe von fünf nordsüdlich orientierten Gewölben bestanden zu haben, denen an den beiden Enden zwei ostwestlich orientierte Zimmer angefügt waren (vgl. den Plan Abb. 77). Das ganze Gebäude hätte danach eine Breite von 46 m gehabt, was der Breite des Hofes plus der halben Breite der nördlichen und südlichen, den Hof begrenzenden Terrasse entspräche.

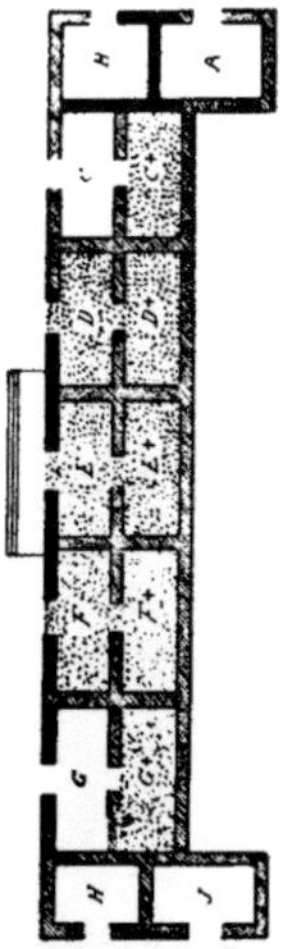

Abb. 77. *Uxmal.* Casa del Adivino. Erdgeschoß. Grundriß rekonstruiert. (Die voll ausgezogenen Wandstücke sind vorhanden und beobachtet, die schraffierten zerstört oder unter dem Schutt vergraben.)

Von den Zimmern an den Enden ist nur das eine im Norden (*B*) in seinem Gewölbteile erhalten. Von der Reihe der nordsüdlich orientierten Zimmer sind die Türen von *D* und *F* und das Fassadenstück zwischen diesen Türen, das durch die darübergebaute Treppe geschützt war, gut erhalten. Von den Gemächern aber sind nur die Vorderzimmer *D* und *F* in ihrem Gewölbteile sichtbar, und auch diese sind bis zur halben Höhe mit Mauerwerk vollgestopft. Das Vorderzimmer *E* ist ganz und gar mit Mauerwerk ausgefüllt. Die Vorderzimmer *C* und *G* sind zerstört. Durch ein Loch in dem Mauerwerk oberhalb der Türöffnung von *C* sieht man, daß noch zweite Zimmer dahinter waren, daß also in der Tat dieser ebenerdige Bau, gleich den Gebäuden der Casa de las Monjas, der Casa de Palomas u. a., aus einer Doppelreihe von Gewölben bestand. Die Hinterzimmer aber sind bei der Anlage der Treppe und der Erhöhung des Baus mit Steinen vollgepfropft worden.

Die Außenfront dieser Zimmerreihe, mit der sie überbrückenden Treppe, ist auf der Tafel XIX, 2 — wenn auch nicht sehr deutlich, da der ganze Hang mit losen Steinen überschüttet ist — noch zu erkennen. Die Basis ist noch nicht freigelegt worden, die Wand ist in Streifen von etwas über einem Meter Breite geteilt, und es wechseln glatte Streifen mit Gruppen von je drei Halbsäulen, die einfach glatt sind, weder eine mittlere, noch eine untere oder obere Verkröpfung haben (vgl. Taf. XX, 2). Die Türen sind von glatten Wandstreifen von je 0.38 m Breite eingefaßt, und zwischen Tür und Tür haben dann noch drei Gruppen von je drei Halbsäulen und zwei glatte Mauerstreifen gleicher Breite Platz gefunden. Daß die Halbsäulen nicht bis an die Tür gehn, sondern durch einen schmalen, glatten Streifen von ihr getrennt sind, entspricht einer Eigenheit, die die yukatekischen Häuser noch heute zeigen. Auch bei diesen ist — häufig, nicht immer — der aus zusammengebundenen Stangen und Baumzweigen bestehende Wandteil von der Türöffnung durch aufgemauerte Pfosten getrennt (vgl. Taf. XVII, 1).

Das Friesuntergesims oder Gurtgesims war besonders reich entwickelt (vgl. Taf. XX, 1. 2). Es bestand aus fünf Gliedern:

1. einer schräg vorkragenden, mit verschiedenen Reliefornamenten geschmückten Steinreihe (0.19 m), die am untern Rande mit schräg vorstehenden Stufen oder Zinnen besetzt ist (0.12 m) (vgl. Abb. 78);

2. einer Reihe kurzer, mit einer Kröpfung in der Mitte versehener Halbsäulchen (0.21 m);

3. einer senkrechten, glatten Steinreihe (0.06 m);

4. einer stark hervorgewölbten, zylindrischen Schnur aus Schlangenschwanzklappern von 0.20 m Durchmesser, auf der das Gewölbe aufsitzt, das die die Treppe tragende Überbrückung der Fassade bildet;

5. einem aus wallenden (Quetzal-) Federn bestehenden Bande von 0.30 m Höhe (Abb. 79), gleicher Art wie das, das wir nachher in dem Gurtgesimse der Fassade des Gipfelgebäudes finden werden. Dieses Federband ist aber im allgemeinen durch das die Überbrückung der Fassade herstellende Gewölbe verdeckt. Nur über der Tür *E* ist es noch zu sehen, weil hier für die den Fries schmückende Maske (Abb. 83, unten S. 91) und den darunter angebrachten Steinkopf der »Vieja« (Abb. 84, unten S. 91) das Gewölbe einen Ausschnitt oder eine Erhöhung erhalten hat.

Von den Reliefverzierungen, die das schräg vorkragende, am untern Rande mit Zinnen besetzte unterste Glied des Gurtgesimses bedecken (vgl. Taf. XX, 1 und 2), sind von dem nördlichen Türpfosten des Zimmers *D* bis zu dem südlichen Türpfosten des Zimmers *F* noch etwa 33 erhalten. Sie sind in querem Sinne ausgebildet und normal durch schmale, senkrechte, von senkrechten Stäbchen begrenzte Streifen voneinander getrennt. Da

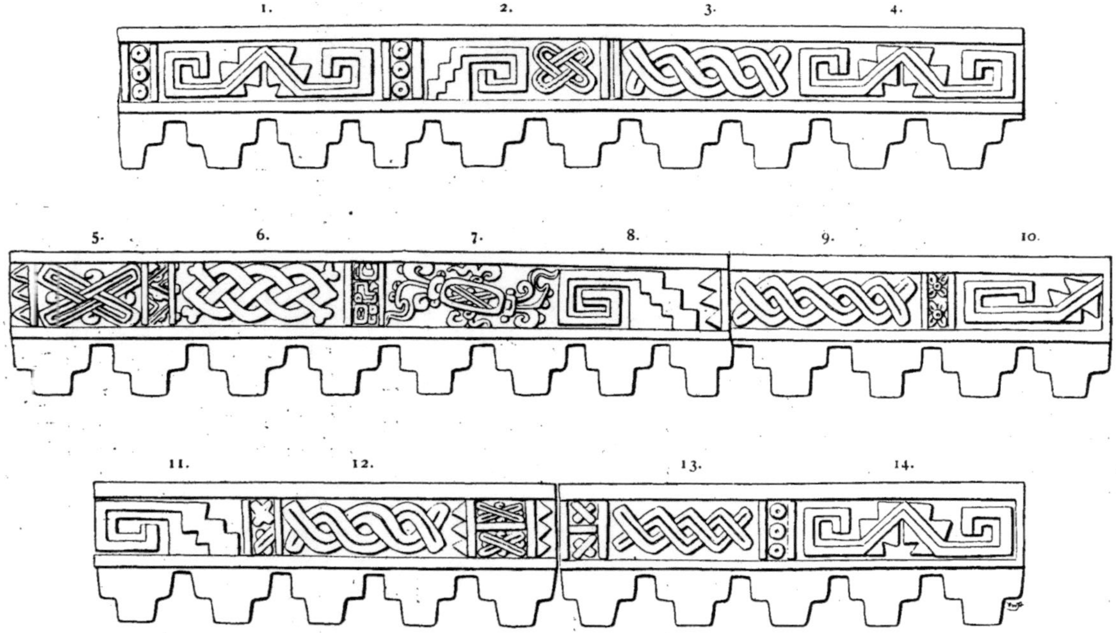

Abb. 78a. *Uxmal.* Casa del Adivino. Erdgeschoß. Westfront. Das unterste Glied des Friesuntergesimses, vom nördlichen Türpfosten des Zimmers *D* bis in den durch die Überbrückung der Fassade geschaffenen Tunnel hinein. (Nach einem Abgusse gezeichnet von Wilhelm von den Steinen.)

Abb. 78b.

aber, wie allgemein in der yukatekischen Architektur, fortlaufende Ornamente nicht an Ort und Stelle in die festgefügte Wand gemeißelt wurden, sondern die Werkstücke außerhalb fertiggemacht und mosaikartig in die dicke Mörtelmasse der Mauern und Wände eingesetzt wurden, so kamen nicht selten unzusammengehörige Stücke aneinander. Die Folge davon war hier, daß vielfach Ornament neben Ornament zu stehen kam, ohne trennende senkrechte Streifen, oder daß die Ornamente in unvollständiger Weise nur durch halbe Streifen oder einen einzelnen Stab getrennt sind. Man kann sich des Verdachts nicht erwehren, daß auch hier unvollständige Reste eines andern Baus ohne Rücksicht auf ihre wirkliche Zusammengehörigkeit aneinandergefügt worden sind. Und man wird um so mehr geneigt sein, dies anzunehmen, als in ganz unregelmäßiger Weise bald nur zwei oder drei dieser Verzierungen, bald eine größere Zahl von ihnen auf einem der quer aneinandergefügten schmalen Steinbalken ihre Stelle hat.

Die Verzierungen selbst sind nicht durchweg verschieden, sondern es ist eine kleine Zahl von Typen, die, mit einigen Variationen, auf den queren Streifen, die das unterste Glied des Gurtgesimses bilden, sich wiederholen. Wir haben zur Zeit unseres letzten Besuches der Ruinen im Jahre 1911 die ersten vierzehn dieser Verzierungen abgeformt (Abb. 78a), von dem nördlichen Türpfosten des Zimmers *D* an bis in den Tunnel hinein, der durch das Gewölbe, das die die Fassade überbrückende Treppe trägt, gebildet wird. Sie enthalten die hauptsächlichsten der Formen. Ein paar der weiterhin noch folgenden Ornamente habe ich in Abb. 78bc nach meinen Zeichnungen wiedergeben lassen.

Abb. 78c.

Eine Grundform, sozusagen, ist der Stufenmäander, d. h. eine Treppe, die an ihrem hintern Ende in einen eckig gewordenen Wickel ausläuft. Einen solchen haben wir in Abb. 78 Nr. 2, 8, 11 und 19 vor uns, und das Ornament Nr. 23, das ich hier nicht wiedergegeben habe, hat die gleiche Form.

In all diesen Fällen ist der Wickel nach unten eingerollt. Eine andere Form (Abb. 78 Nr. 10) zeigt uns einen nach oben eingerollten eckigen Wickel, der an seinem vorderen Ende in einen schräg aufsteigenden Ast übergeht, der an beiden Seiten mit zwei annähernd rechtwinkligen Zacken besetzt ist, so eine Art Treppe vortäuschend. Es ist fraglich, ob dies Gebilde nicht noch eine Ergänzung hat, denn an der rechten Seite von Nr. 10 endet der Stein. Wir finden es dagegen einmal mit dem vorderen (oberen) Ende des aufsteigenden Astes in einen nach unten eingerollten eckigen Wickel übergehend (Abb. 78 Nr. 26). Das gleiche zeigt uns auch das hier nicht wiedergegebene Ornament Nr. 31. So entsteht eine S-förmige Figur, die in der Ornamentik und in der Symbolik der alten Mexikaner eine große Rolle spielte — sie wurde als Abbild des Blitzes gedacht — und die die Mexikaner *xonecuilli* »gekrümmtes Bein« nannten. Ein anderes, noch häufigeres Ornament entsteht durch Aneinandersetzung von zweien der unvollständigen Gebilde Abb. 78 Nr. 10, in der Art, wie man das in den Ornamenten Abb. 78 Nr. 1, 4, 14, 20, 21 sieht, und das auch in den hier nicht wiedergegebenen Ornamenten Nr. 16, 25, 32 in gleicher Weise auftritt. Es entstehen dabei, wie man sieht, zwei einander entgegengesetzte, nach oben sich einrollende eckige Wickel, deren aufsteigende Äste mit ihren oberen Enden sich berühren.

Anderer Art sind die verschlungenen Wellenbänder Abb. 78 Nr. 3, 9, 12, 13, 22, die in gleicher Weise an der hier nicht wiedergegebenen Stelle Nr. 15 auftreten, und die man wohl als Abbreviaturen des z. B. in *Chich'en Itzá* sehr häufig, aber auch hier in der Casa de las Monjas von *Uxmal* auftretenden Gebildes der miteinander verschlungenen Schlangenleiber ansehen kann.

Anscheinend ähnlich, aber doch ganz verschiedenen Ursprungs ist das Ornament Abb. 78 Nr. 6, das ähnlich noch an den Stellen Nr. 18, 24, 27, 30, 33 beobachtet wird, und das an den freien Enden der in komplizierter Weise miteinander verschlungenen Streifen zu einem Gelenkkopfe anschwillt. Es ist das ein Gebilde, das aus der Grundform zweier gekreuzter Totenbeine entstanden ist, die man verdoppelt, bzw. vervierfacht, und so miteinander in Verbindung gebracht hat. Man vergleiche die entsprechenden Reliefe auf den Steineinfassungen des Cemeterio (Taf. XXXI bis XXXIII), die ich später noch zu besprechen haben werde.

Zwei nach dem Prinzipe der mexikanischen Hieroglyphe *coztic teocuitlatl* »Gold« miteinander verschlungene elliptische Ringe sieht man in Abb. 78 Nr. 5 und in Abb. 78 Nr. 2 hinter dem Wickel des Stufenmäanders, sowie in Abb. 78 Nr. 26 hinter dem einen Endwickel des *xonecuilli*-Musters. — Wir werden diesem Zeichen auch noch in den schmalen senkrechten Streifen begegnen, die die quer ausgebildeten Hauptornamente trennen.

Endlich haben wir noch das Ornament Abb. 78 Nr. 7, von dem Abb. 78 Nr. 17 eine einfachere Form ist. Die einfache Betrachtung lehrt, daß es sich hier um etwas Feuriges handeln muß. In der Tat ist das ein Element, das besonders häufig uns auf den Reliefen von *Quiriguá* begegnet, wo es von den Figuren als Brustschmuck getragen wird, und das der Stellvertreter eines Schmuckes oder Symbols ist, das die Figuren der großen Stelen der alten Tempelstädte vor der Brust zu halten pflegen, von dem ich seiner Zeit wahrscheinlich zu machen mich bemüht habe, daß es die doppelköpfige Feuerschlange darstellt[1].

Das sind, sieben an der Zahl, die Typen, die unter den 33 Ornamenten des untersten Gliedes des Gurtgesimses der nach Westen gekehrten Hauptfassade des Erdgeschosses der Casa del Adivino nachweisbar sind. Ob auf den jetzt zerstörten Teilen dieses Gurtgesimses nicht noch andere sich befunden haben, kann man natürlich nicht wissen. Vielleicht wird man auf solche einmal stoßen, wenn man den Schutt, der den Fuß der Gebäude umgibt, gewissenhaft und sorgfältig durchsucht. — Was die in dem Obigen nachgewiesenen sieben Muster betrifft, so ist das erste, der Stufenmäander, im Codex Borgia geradezu kennzeichnend für die Stirnbinde des Gottes *Quetzalcouatl*, der den Späteren der Gott des Planeten Venus war, und der als *Kukulcan* auch von den Maya von Yucatan verehrt wurde. Die gekreuzten Totenbeine sind gerade hier in *Uxmal*, in dem Ostgebäude der Casa de las Monjas und, wie wir sehen werden, in der Fassade des alten Gipfelgebäudes der Casa del Adivino die Begleiter der Hieroglyphe des Planeten Venus. Das geflochtene Band tritt auf den Außenflächen des Mausoleums I von *Chich'en Itzá* neben den Symbolen

[1] Vgl. meinen Aufsatz »Beobachtungen und Studien in den Ruinen von *Palenque*« (Abh. d. Berl. Akad. d. Wiss. 1915. Philosophisch-historische Klasse Nr. 5).

und der Figur *Quetzalcouatl*'s auf, und das *xonecuilli* sieht man in Bildern und Skulpturen in seiner Hand. Demnach werden wir, was wir auch über die ursprüngliche Herkunft dieser skulpierten Steinbalken urteilen mögen, diese besondere Art der Verzierung hier nicht für eine zufällige und willkürlich übertragene ansehen dürfen, sondern für eine dem Zwecke und der Bedeutung des Baues entsprechende erklären müssen. Denn, wie ich unten noch näher auseinandersetzen werde, werden wir die Casa del Adivino als einen Tempel ansehen müssen, der dem Kulte des Gottes des Planeten Venus gewidmet war.

Ich habe nun noch ein paar Worte über die schmalen senkrechten Streifen zu sagen, die die im obigen beschriebenen Verzierungen trennen. Diese machen den Eindruck, als ob sie mehr nach dem Belieben des die Arbeit ausführenden Steinmetzen gewählt worden seien. Wir finden darunter Reihen von Perlen (Abb. 78 vor Nr. 1, zwischen Nr. 1 und 2 und zwischen Nr. 13 und 14). Zwei Blüten übereinander (Abb. 78 zwischen Nr. 9 und 10 und zwischen 18 und 19). Zwei der Hieroglyphe *kin* »Sonne« ähnliche Zeichen übereinander (Abb. 78 zwischen Nr. 22 und 23). Zwei Paare gekreuzter Balken übereinander (Abb. 78 zwischen Nr. 11 und 12 und vor Nr. 13) und die verwandten Paare ineinander verschlungener elliptischer Ringe, die wir oben als Hauptornamente kennengelernt haben, die aber einzeln (Abb. 78 hinter Nr. 21 und hinter Nr. 28) oder je zwei übereinander (Abb. 78 hinter Nr. 12, hinter Nr. 23, hinter Nr. 27 und hinter Nr. 31) auch die schmalen, die Hauptornamente trennenden senkrechten Streifen füllen. Zwei nach Art des *olin*-Zeichens des Codex Borgia miteinander verschlungene Winkel oder Halbbogen sieht man am hinteren Ende von Abb. 78 Nr. 19. Zwei zusammengebundene Gras- oder Zeugstreifen Abb. 78 hinter Nr. 20 und hinter Nr. 24. Endlich kommt Abb. 78 zwischen Nr. 6 und 7 eine kleine Hieroglyphengruppe als Füllung des senkrechten trennenden Streifens vor. Alle diese Streifen sind nach außen durch einen schmalen senkrechten Stab abgegrenzt, der in den meisten Fällen in der Tat nur ein geradliniger senkrechter Stab ist, in andern (Abb. 78 am hinteren Ende von Nr. 12) an der Außenseite mit Zacken besetzt ist. Das vereinzelte Vorkommen dieses Zackenstabes, wie es uns am hinteren Ende von Abb. 78 Nr. 8 begegnet, könnte als Beweis dafür gelten, daß von einem andern Bau genommene Stücke in nicht kongruenter Weise zum Aufbau dieses untersten Gesimsstreifens verwendet worden sind.

Von dem Friesobergesimse, dem abschließenden Hauptgesimse dieser ebenerdigen Fassade, wissen wir nichts. Unter den Trümmern, die am Fuße der ehemaligen Fassadenwand aufgehäuft sind, finden sich Stücke, die dem mit Federornamenten bedeckten fünften Gliede des Gurtgesimses (Abb. 79) gleichen, nur eine viel größere Höhe haben, 0.55 m statt 0.30 m (vgl. Abb. 80). Es ist sehr möglich, daß diese Bruchstücke einem Gliede des Friesobergesimses der Fassade des Erdgeschosses angehört haben.

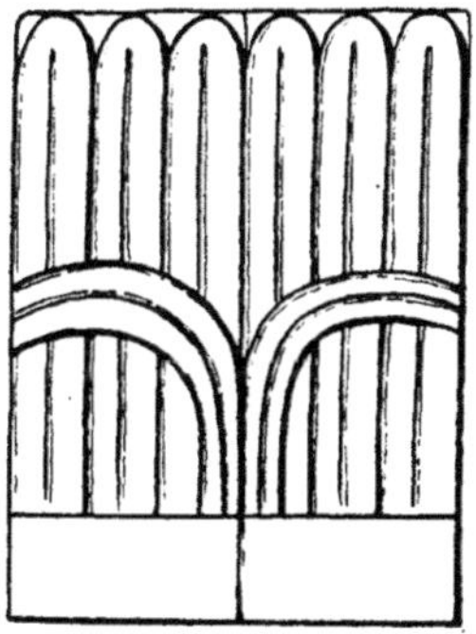

Abb. 80. *Uxmal.* Casa del Adivino. Erdgeschoß. Federband größerer Höhe. Bruchstück eines Gliedes des Friesobergesimses oder abschließenden Hauptgesimses (?).

Der Fries dieses ersten ebenerdigen Gebäudes war mit einem diagonalen *itzcouatl*-(Zacken-)Gittermuster verziert (Abb. 81),

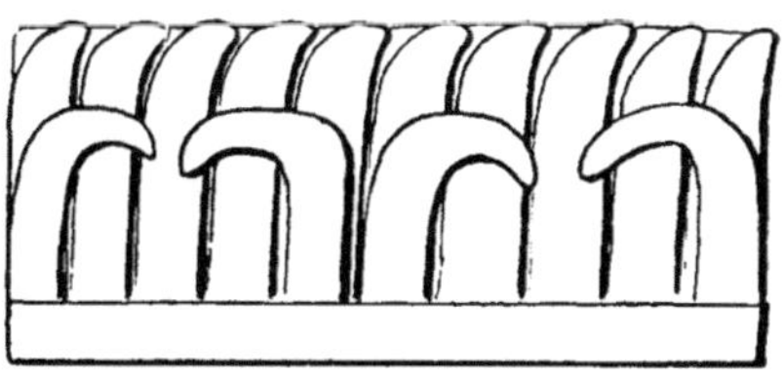

Abb. 79. *Uxmal.* Casa del Adivino. Erdgeschoß. Federband auf dem fünften (obersten) Gliede des Gurtgesimses (Friesuntergesimses).

gleich dem, das wir auf dem Friese des West- und des Nordgebäudes der Casa de las Monjas angetroffen haben, und wie wir das auch an dem Gipfelgebäude der Casa del Adivino (vgl. Taf. XXXI) finden werden. Nur fehlte hier, auf dem Friese des ersten ebenerdigen Gebäudes, den die Maschen des Diagonalgitters füllenden Rautensteinen das diagonale Kreuz, das man im Kerne der Maschen des Friesgitters des Gipfelgebäudes sieht.

Abb. 81. *Uxmal.* Casa del Adivino. *Itzcouatl*-Zacken-Gittermuster vom Friese des Erdgeschosses.

Dieses Friesgitter wurde bei dem Gebäude des Erdgeschosses über den Türen durch große Masken unterbrochen, die zum mindesten zu zweien, wahrscheinlich zu dreien übereinanderstanden. Reste solcher Masken sind zu beiden Seiten der die Fassade überbrückenden Treppe über den Türen *C* und *G* noch zu sehen (vgl. Abb. 82). Und über der Türe *E*, in der Mitte der Fassade, die zugleich die Mitte der Treppenüberwölbung darstellt, ist in dem Gewölbe, das die Überbrückung bildet, ein Ausschnitt freigelassen worden, um die eine der Friesmasken, die über dieser Türe sich befanden (Abb. 83), sichtbar zu erhalten.

Was die Alten achtsam zu bewahren sich bemühten, hat in falscher Sorge die Hand unserer Zeitgenossen zerstört. Unter der genannten Maske über der Türe *E* war in dem Schlangenklapperzylinder des Friesuntergesimses ein merkwürdiger Steinkopf eingesetzt (Abb. 84a): Das Gesicht einer jugendlichen Gottheit, aus dem geöffneten Rachen einer Schlange hervorsehend. Die letztere in typischer Weise wiedergegeben mit dem großen, von Lid und Braue überwölbten Auge, den am Grunde des Schnauzenendes vorragenden Edelsteinstäben und dem kurzen Barte unter dem Kinne. Die rechte Wange der Gottheit trägt eine merkwürdige Zeichnung, sich einrollende Gebilde, Wasser oder Federn darstellend, die augenscheinlich als ein in Mosaik ausgeführtes Ornament gedacht ist und wahrscheinlich eine Tatauierung andeuten soll. Ich habe die Zeichnung in Abb. 84b besonders wiedergeben lassen. Dieser Steinkopf, den die Indianer der Nachbarschaft seltsamerweise La Vieja oder Viejecita »die alte Frau« nennen, war vorzüglich erhalten.

Abb. 8x. *Uxmal.* Casa del Adivino. Erdgeschoß. Reste der Maskensäule an dem Friesstücke südlich von der Überbrückung (Tür *F*).

Und auch die Maske, die den Fries über diesem Kopfe schmückt, war die schönste und besterhaltenste, die ich kannte. Denn durch die Überbrückung und durch die Ausfüllung nahezu des ganzen Ganges mit Schutt war dieser Fassadenteil nicht nur gegen die Einwirkung der Atmosphärilien, sondern bis zu einem gewissen Grade auch gegen Beschädigung durch die Hand des Menschen geschützt. Leider hat man vor wenigen Jahren, auf Anordnung des Besitzers der Hacienda, diesen Steinkopf herausbrechen lassen, um ihn nach Mexico ins Nationalmuseum zu überführen. Der Kopf selbst ist dadurch ja in bessere Obhut gekommen, — obwohl die beständigen Kämpfe

Abb. 83a. *Uxmal.* Casa del Adivino. Erdgeschoß. Maske in dem Friese in der Mitte der Fassade (über der Tür *E*).

Abb. 83b. *Uxmal.* Casa del Adivino. Erdgeschoß. Rüssel der Maske in dem Friese in der Mitte der Fassade (über der Tür *E*). Zeichnung nach dem Abgusse.

Abb. 84b. Tatauierung oder Ziernarbenverzierung auf der rechten Backe des Steinkopfes der »Vieja«.

Abb. 84a. *Uxmal.* Casa del Adivino. Erdgeschoß. Steinkopf »La Vieja«, unter der Maske, die in dem Friese in der Mitte der Fassade angebracht ist, dem Schlangenklapperzylinder, dem vierten Gliede des Gurtgesimses, aufsitzend.

der letzten Zeiten einen für das Schicksal der unersetzlichen Sammlungen des Nationalmuseums zittern lassen, — aber dies Fassadenstück, das das schönste und besterhaltene war, das es in Yucatan gab, ist dadurch ruiniert worden, denn es gähnt nicht nur jetzt da, wo der Kopf saß, dem Beschauer ein großes, häßliches Loch entgegen, es haben auch die angrenzenden Teile, vor allem die schöne Maske, durch das Ausbrechen des Kopfes Beschädigungen erlitten.

Diese Masken, die Reste der Säule, die über der Türe *G* sich befand (Abb. 82), wie die Einzelmaske über der Türe *E* (Abb. 83), stimmen in den Einzelheiten so ziemlich überein, — ein Zeichen, daß dieser Maskenschmuck nicht aus zerstörten oder verlassenen andern Gebäuden zusammengetragen, sondern eigens für dieses erste ebenerdige Gebäude der Casa del Adivino gearbeitet wurde. Die Augenbrauen zeigen zwei Gebilde, die man wohl als ornamentale Formen einer Variante des Tageszeichens *cimi* »Tod« ansehen kann (vgl. Abb. 85, rechts), die zweifellos aus der Grundform der gekreuzten Totenbeine sich entwickelt hat. Wir werden diese Hieroglyphe auch unter den Zeichen finden, die auf der Riesenmaske über der Türe des jetzt in halber Höhe befindlichen ehemaligen Gipfelgebäudes der Casa del Adivino unter dem Auge angegeben sind, mit gekreuzten Totenbeinen wechselnd. Auf den Wangenstücken der Masken Abb. 82, 83 sind gekreuzte Stäbe und Scheiben zu sehen, die wir beide auch wieder unter den Zeichen auf der Riesenmaske des alten Gipfelgebäudes der Casa del Adivino treffen werden. Sie finden sich dort aber über dem Auge, auf den Augenbrauen. Auf den Seiten des Rüssels (Abb. 83b) wechseln ebenfalls gekreuzte Stäbe und Scheiben. Die letzteren sind aber hier verziert, tragen ein Andreaskreuz auf ihrer Fläche.

Abb. 85. Eine der Formen der Hieroglyphe *cimi* »Tod«.

Gleich den Maskensäulen des Nordgebäudes der Casa de las Monjas müssen auch die der Fassade des Erdgeschosses der Casa del Adivino eine Bekrönung in Gestalt eines *Tlaloc*-artigen, von dem Zeichen »Jahr« umrahmten, Gesichts besessen haben. Denn unter den herabgestürzten Trümmern vor der Türe *G* (vgl. den Grundriß Abb. 77, oben S. 82) findet sich auch ein Steinblock (Abb. 86), der diese selbe, den Bekrönungen der Maskensäule des Nordgebäudes der Casa de las Monjas im wesentlichen gleiche Zeichnung trägt.

Die Treppe, die die Fassade dieses ersten, zweifellos ältesten, zu ebner Erde gelegenen Baues der Casa del Adivino in der Mitte überbrückt, hat eine Breite von 9.30 m. Ihre gewaltige Steinmasse wird von einem nordsüdlich orientierten Gewölbe getragen, dessen hintere (östliche) Wand auf dem halbkuglig sich vorwölbenden Schlangenschwanzklapperzylinder, dem vierten Gliede des Friesuntergesimses des Erdgeschosses, aufsetzt. Nur über der Mitteltür *E* (vgl. den Grundriß Abb. 77, oben S. 82), über dem dort in das vierte Glied des Friesuntergesimses eingesetzten Steinbilde der »Vieja« (Abb. 84a, oben S. 91), ist das Gewölbe erhöht, so daß dort das fünfte Glied des Friesuntergesimses, das Quetzalfederband (Abb. 79), und die unterste Maske (Abb. 83) der Säule, die einstmals den Fries über der Türe *E* schmückte, erhalten und sichtbar sind. Dieses den Unterteil der Treppe tragende Gewölbe ist dann — augenscheinlich in späterer Zeit — noch dadurch verstärkt worden, daß man ein zweites, übrigens viel roheres Halbgewölbe in das erstere eingebaut hat, dessen Deckplatten mit der hintern (östlichen) Kante auf demselben Schlangenschwanzklapperzylinder aufsetzen (s. Taf. XX, 1). Der Gewölbraum über diesen Deckplatten ist mit Mauerwerk ausgefüllt worden. Doch muß auch hier der Raum über der Vieja und vielleicht die ganze südliche Hälfte des Hauptgewölbes freigelassen worden sein.

Abb. 86. *Uxmal.* Casa del Adivino. Erdgeschoß. Losgelöstes Fassadenstück. Bekrönung einer der Maskensäulen des Frieses?

Über diesen beiden Gewölben, dem mit Sachverständnis und Kunst aufgeführten Vollgewölbe und dem rohen innern Halbgewölbe, ist dann die Treppe emporgeführt worden. Ihr Fuß streckt sich, trotz der Steilheit der Treppe, ziemlich weit vor. Oben mündet die Treppe auf ein kleines Risalit, in dessen Hintergrunde ein Gebäude sich erhebt. Die Treppenwangen scheinen beiderseits mit regelmäßig zubehauenen, aber unverzierten Quadern bekleidet gewesen zu sein. Auf der Oberseite aber, an dem Seitenrande der Treppe, waren in gewissen Abständen Masken angebracht — ich konnte noch die Reste von vieren erkennen —, und eine gleiche Maske befindet sich an dem obern Rande der Treppe, in der Mitte, gerade vor dem Eingange in das gleich zu beschreibende Gebäude auf dem westlichen Risalite.

VI. Haus des Wahrsagers — Casa del Adivino.

B. Das alte Gipfelgebäude.

Die auf der Westseite bis zu der halben Höhe des jetzigen Hügels emporführende Treppe war notwendig geworden, weil man aus irgendeinem Grunde sich veranlaßt gesehen hat, über dem alten, ersten Gebäude einen Hügel bis zu der respektablen Höhe von $18^1/_2$ m aufzuschütten und auf der so gewonnenen Plattform ein neues Gebäude zu errichten. Diese Plattform muß damals den Gipfel des Hügels, das Gebäude, das auf dieser Plattform stand — es muß das ursprünglich ein einzimmriger Bau gewesen sein —, das Gipfelgebäude vorgestellt haben. Dieser Stand der Sache hat aber dann in noch späterer Zeit eine neue Veränderung erfahren, und zwar in doppelter Weise: Einmal ist dem alten Gipfelgebäude, zu dem die oben beschriebene Treppe an der Westseite des Hügels emporführte, ein Vorderzimmer vorgelegt worden, dessen Fassaden einen unerhört reichen Schmuck von Masken und anderm Figurenwerke erhielten, und dessen Vorderwand bis nahe an den Rand des Risalits vorgeschoben wurde, auf das die Treppe mündete. Sodann hat man über und hinter diesem Gebäude eine neue Aufschüttung vorgenommen, die eine beträchtliche Erhöhung des Hügels zur Folge hatte, — wobei auch der Fuß des Hügels entsprechend nach Osten vorgeschoben wurde —, und auf der neugewonnenen schmalen Plattform das jetzige Gipfelgebäude erbaut, so daß die Casa del Adivino die stolze, alles überragende, steile Höhe erlangt hat, die sie jetzt zeigt. Dieser Umbau erforderte natürlich eine gewaltige Terrainbewegung. Und so hat man, um Material zu sparen, nicht nur die Gipfelfläche so schmal gehalten, daß gerade nur das Gipfelgebäude darauf Platz hat, man hat sich auch nicht gescheut, das alte Gipfelgebäude, zu dem die westliche Treppe emporführt, halb in den Berg zu vergraben und seine hintere Hälfte mit Steinen und Mauerwerk zu füllen. Endlich hat man, da für eine Treppe von dem alten Gipfelgebäude zu dem neuen kein Raum war, auf der Ostseite des großen künstlichen Hügels eine steil ansteigende Treppe zu dem jetzigen Gipfelgebäude emporgeführt.

Auf der alten Gipfelfläche, dem westlichen Risalite, zu dem die das Erdgeschoß überbrückende Treppe emporführt, befindet sich also heute ein zweizimmriger Bau (vgl. den Grundriß und Aufriß Abb. 87 a). Ursprünglich aber war das hintere dieser beiden Zimmer ein eigenes mit einer Fassade versehenes Gebäude, von einem nordsüdlich orientierten Gewölbe gebildet, dessen untere Kante in 1.95 m Höhe über dem Erdboden liegt, dessen ganze hintere Hälfte aber, wie oben schon gesagt, jetzt vollständig mit Steinen und Mauerwerk ausgefüllt ist. An der Außenseite dieses Baues, seiner ursprünglichen Front, die jetzt die Hinterwand des Vorderzimmers darstellt, setzt das Friesuntergesims, das sonst ganz allgemein der Gewölbunterkante des Innenraums entspricht, schon in 1.70 m Höhe über dem Erdboden auf, also 0.25 m tiefer als die Gewölbunterkante des Innenraums. Dies Friesuntergesims oder Gurtgesims des hintern ältern Baues besteht aus zwei Gliedern, einer schräg vorkragenden Steinreihe und einer etwas mehr senkrechten. Darauf folgt ein Fries, der aber schräg ansteigt, wie es bei den Bauten von *Palenque* der Fall ist, und die Fassade schließt dann mit dem Friesobergesimse, das aus drei ebenfalls schräg ansteigenden Steinreihen besteht. Nahe der Südkante sind auf dem Friese noch Spuren von Reliefen sichtbar, Schlangenköpfe u. a., die den Fries dieser ehemaligen alten Fassade schmückten.

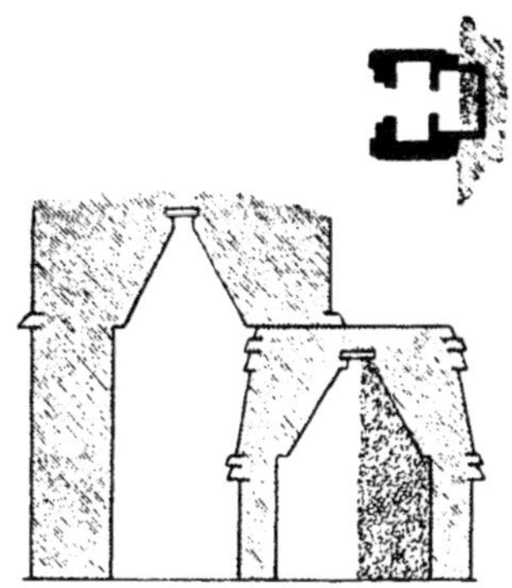

Abb. 87 a. *Uxmal.* Casa del Adivino. Grundriß und Aufriß der Gebäude auf der ehemaligen, jetzt in halber Höhe sich befindenden Gipfelfläche.

Vor diesen ersten ältern Bau hat man dann ein zweites, ebenfalls nordsüdlich orientiertes Gewölbe gesetzt, das jetzt das Vorderzimmer für das dahinterfolgende Zimmer des ersten ältern Baues bildet (vgl. Abb. 87 a). Die hintere, nach innen, dem Berge zugekehrte Seite dieses neuen Gewölbes setzt auf der Dachfläche des alten Baues auf. Die Vorderwand dieses neuen Gebäudes entspricht also der ganzen Höhe des alten Baues, und der Innenraum dieses neuen Gebäudes ist um mehr als die ganze Höhe des Gewölbraumes höher als der Innenraum des alten Baues, der jetzt das Hinterzimmer bildet. Die Zahl und die Lage der Pfahllöcher sind übrigens in dem Gewölbe des neuen (vordern) Baues durchaus die gleichen, wie in dem des alten Baues, der das Hinterzimmer des jetzigen Gebäudes bildet. In beiden haben wir eine obere Reihe von drei Löchern und eine untere, die nur je ein Loch an jedem Ende zeigt (Abb. 87b).

Die Außenwände, Front und Seitenfassaden dieser beiden Gebäude sind in späterer Zeit mit neuen Fassaden umkleidet worden. Diese Ummauerung reicht an den Seiten aber nur bis auf eine Entfernung von 4.40 m von der Vorderkante, d. h. bis zu einer Linie, die etwa dem vordersten Teile des Hinterzimmers, d. h. des alten Baues, entspricht. In dem Innenraume mißt man von der Außenwand bis zu der Mauerwerkfüllung des Hinterzimmers 5.23 m. An dieser selben Linie, 4.40 m Entfernung von der Vorderkante der seitlichen Außenwand, beginnt die Steinbekleidung der Aufschüttungsmassen, die die letzte Plattform, die das jetzige Gipfelgebäude trägt, geschaffen haben. Die Seitenwände und die hintere Fassade des alten Baues sind durch diese Aufschüttung vollständig verdeckt.

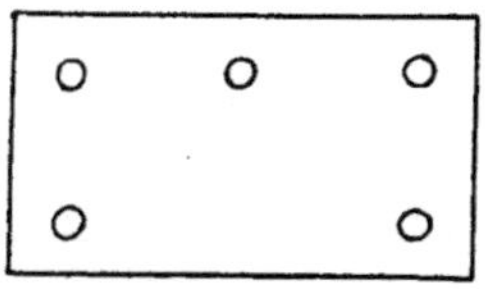

Abb. 87b. *Uxmal.* Casa del Adivino. Altes Gipfelgebäude. Pfahllöcher.

Die Türen sind sowohl bei dem alten, überbauten, wie bei dem neuen Gebäude durch hölzerne Oberschwellen gebildet gewesen. Über der Türe zu dem alten Baue, der jetzt das Hinterzimmer bildet, liegen zwei Balken. Der neue Bau, dessen Innenraum jetzt das Vorderzimmer bildet, ist, wie ich oben schon sagte, an der Front und an den Seiten mit neuen Fassaden umkleidet worden, wodurch die Wandstärke eine beträchtlich größere geworden ist. Hier liegen über der Eingangstür drei Balken, alle drei noch an ihrer Stelle: ein vorderer längerer, der über der äußern Türumrahmung liegt, und zwei eine Balkenstärke tiefer angebrachte kürzere Balken, die die eigentliche Türöffnung überdachen. An der Innenwand ist unterhalb der Gewölbunterkante jederseits über der Türe ein vorspringender Ringstein eingemauert für die Schnur eines Türvorhangs. In *Uxmal* haben wir sonst, wie in *Chich'en Itzá* und in andern alten Städten, in den Wandquadern ausgehöhlte doppelte Löcher, die der Befestigung der Schnur eines Türvorhangs gedient haben müssen. Aus der Wand vorspringende Ringsteine statt dessen ist *Palenque*-Stil.

Die durch nachträgliche Ummauerung geschaffenen Fassaden der vordern Abteilung des Doppelgebäudes, zu dem an der Westseite der Casa del Adivino die breite, das Erdgeschoß überbrückende Treppe emporführt, weisen wohl das Reichste an Verzierung auf, das an den Bauten von *Uxmal* und vielleicht in ganz Yucatan zu sehen ist. — Der Untersatz ist leider zur Zeit noch tief in den Schuttmassen vergraben, die durch

Abb. 88. *Uxmal.* Casa del Adivino. Südfront. Das Vordere der beiden Räume oder Gebäude auf der jetzt in halber Höhe befindlichen ehemaligen Gipfelfläche.

Abrutschen von den dem Gipfel des ganzen Baues benachbarten Teilen auf die kleine Plattform fielen, die das in obigem beschriebene Doppelgebäude trägt. Aber die Wandfläche reicht noch zu drei Viertel ihrer Höhe aus dem Schutte heraus, und Gesims und Fries sind zu ihrem größten Teile von Überschüttung frei.

Die Wandfläche, die in der großen Mehrzahl der yukatekischen Bauten unverziert ist, nur aus regelmäßig zubehauenen Quadern bestehend, wird hier an den Seitenwänden des Gebäudes, der äußern Verkleidung der nördlichen und südlichen Giebelwand, von einem diagonalen Gitterwerke gebildet (Abb. 88), dem ähnlich, das wir auf den Friesflächen des Süd- und des Ostgebäudes der Casa de las Monjas angetroffen haben. Es ist in halber Höhe über dem ursprünglichen Boden durch eine vorspringende quere Steinreihe in eine untere und eine obere Abteilung geschieden. Den Kanten

a b

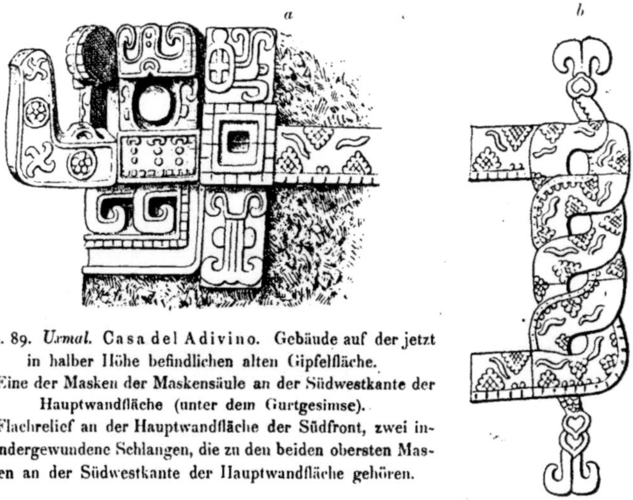

Abb. 89. *Uxmal.* Casa del Adivino. Gebäude auf der jetzt in halber Höhe befindlichen alten Gipfelfläche.
a. Eine der Masken der Maskensäule an der Südwestkante der Hauptwandfläche (unter dem Gurtgesimse).
b. Flachrelief an der Hauptwandfläche der Südfront, zwei ineinandergewundene Schlangen, die zu den beiden obersten Masken an der Südwestkante der Hauptwandfläche gehören.

des Gebäudes benachbart, ist in einem breiten senkrechten Streifen das diagonale Gitterwerk durch glatte Quadern ersetzt. Die Kanten selbst sind gerundet, und jede der vier Kanten mit reich gearbeiteten, je vier Masken enthaltenden Maskensäulen bedeckt, — eine Bildung und Verzierung, durch die die hintere Begrenzung der halbverschütteten Ummantelung der äußern Fassade des Doppelbaues auf das Schärfste herausgehoben wird.

Die Masken, die zu einer Säule gehören (vgl. Abb. 88 und Abb. 89a), sind in allen wesentlichen Einzelheiten gleich und lassen die Hand eines in guter Schule aufgewachsenen Künstlers erkennen. Die Augenbrauen und die Wangenstücke sind verziert, die Augenwinkel durch Seitenstücke ausgefüllt. Zähne sind merkwürdigerweise nur im Oberkiefer vorhanden.

In Abb. 89a sind zwar nur die seitlichen Zähne sichtbar, die groß und nach hinten spiral gekrümmt sind. Doch wird — nach der verwandten Maske Abb. 92 (s. unten S. 100) zu schließen — das gleiche für die in Abb. 89a nicht zur Ansicht kommenden mittleren Zähne gelten. Die Rüssel sind nach oben gebogen und an den Seiten mit Rosetten auf ihrer Fläche tragenden Scheiben und mit Hakenkreuzen verziert. Über der Rüsselwurzel, den Raum zwischen den Augenbrauen füllend, wird ein auf die Kante gestelltes scheibenförmiges Bündel sichtbar, das auch auf Masken anderer Bauten vorkommt, dessen Bedeutung ich aber nicht zu enträtseln vermag.

Die auffälligste Besonderheit ist, daß an den Außenrand der großen viereckigen Ohrpflöcke, an der dem Gitterwerke der Nord- und Südwand des Gebäudes zugekehrten Seite, sich je ein Schlangenleib fügt, der mit dreieckigen gekreuzt gestrichelten, d. h. als schwarz zu denkenden, Flecken und mit ungefärbten *xonecuilli*-artigen Gebilden gezeichnet ist, und der, abwechselnd nach unten und nach oben umbiegend, mit dem Schlangenleibe der nächst höhern, bzw. nächst tiefern Maske sich verschlingt (Abb. 88 und 89a und b). Diese Kombination ist kaum anders zu deuten, als daß die großen Masken, die die Kanten des Gebäudes bedecken, die Köpfe darstellen zu den ineinander verschlungenen Schlangenleibern auf der Südfront der Hauptwandfläche. Ich habe oben (vgl. S. 11—15) nachzuweisen mich bemüht, daß diese Masken, deren gewaltige, bald nach unten, bald nach oben gebogene Rüssel noch in neuester Zeit als Elefantenrüssel gedeutet worden sind, nichts anderes als Abbilder des yukatekischen Regengottes sind, und des Gottes, den Landa *Ah bolon tz'acab* »Herrn der neun Generationen« nennt, der der Herr der Jahre des Ostens und der Wassergott der Maya war. Das oben beschriebene Vorkommnis bestätigt diese Feststellung. Denn auch der Wassergott der Maya-Handschriften, der Gott mit der nach oben geschwungenen Nase, wird mit einem Schlangenleibe dargestellt (Codex Tro 26b, vgl. Abb. 90) — das Tier, auf dem *Chac*, der Regengott, reitet.

Das Friesuntergesims hat bei dem Gebäude auf der alten Gipfelfläche des Hügels der Casa del Adivino, zu der auf der Westseite die das Erdgeschoß überbrückende Treppe emporführt, eine besondere Gestalt. Es besteht aus einer einzigen, abwärts schräg vorkragenden Steinreihe, auf deren Oberfläche in Flachrelief eine Art Büste, ein Männchen mit er-

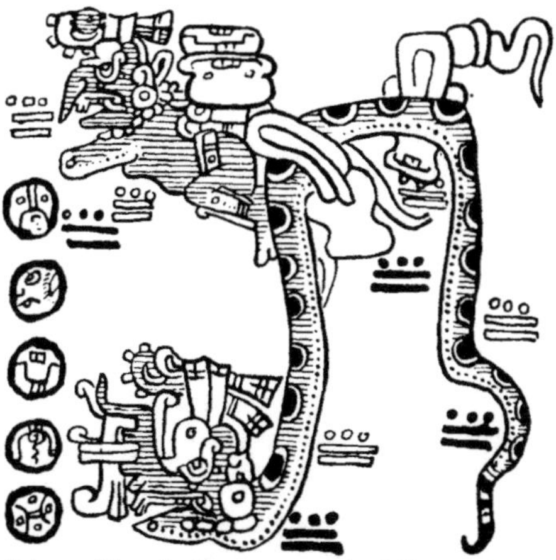

Abb. 90. *Chac,* der Regengott, auf der Schlange mit dem Kopfe *Ah bolon tz'acab*'s, des Wassergottes, reitend. Codex Tro 26b.

Abb. 91. *Uxmal.* Casa del Adivino. Das alte Gipfelgebäude. Flachrelief auf der schräg vorspringenden Reihe des Gurtgesimses.

hobenen Armen, und zwei zu einer Einheit verbundene Paare gekreuzter Totenbeine dargestellt sind (Abb. 91).

Die Friesflächen der Nord- und der Südwand des Gebäudes sind ganz mit Masken bedeckt, da sie Maskensäulen nicht nur an den Kanten des Gebäudes, sondern auch auf der Fläche des Frieses selbst tragen (Abb. 88 und 92). Da aber die freie Fläche des Frieses breiter war als die Maskensäule, so hat man den Zwischenraum zwischen den Eckmaskensäulen und der die Friesfläche deckenden Säule mit rauchwolkenartigen Ausstrahlungen in Flachrelief gefüllt, die

Abb. 92. *Uxmal.* Casa del Adivino. Das alte Gipfelgebäude. Eine der Masken der Maskensäule auf dem Friese der Nordwand.

sich jederseits an den Außenrand des großen viereckigen Ohrpflocks setzen (Abb. 88, 92 und 93).

Diese auf der Fläche und an den Kanten des Frieses angebrachten Maskensäulen enthalten zur Zeit nur noch drei Masken. Es ist aber zu vermuten, daß jede der Säulen vier Masken gezählt hat, wie die Maskensäulen an den Kanten der Wandfläche darunter. Das ist aber heute nicht mehr festzustellen, da das abschließende Hauptgesims, und vermutlich eben auch eine oberste vierte Friesmaske, abgestürzt ist. Was noch von Masken an den Kanten und auf der Fläche des Frieses der beiden Seitenfronten des Gebäudes vorhanden ist, ist gute Arbeit, und die verschiedenen Masken einer Säule sind einander gleich, — ein Beweis, daß diese Masken für diese Stelle gemacht und nicht aus Bestandteilen älterer Gebäude zusammengeflickt sind.

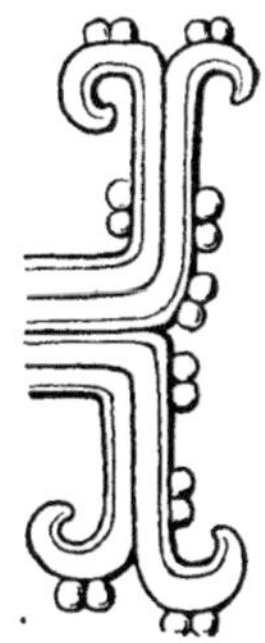

Abb. 93. *Uxmal.* Casa del Adivino. Das alte Gipfelgebäude. Seitliche Ausstrahlungen (Flachrelief) der Masken der Maskensäulen an den Kanten des Frieses.

Die eine der Masken der Friesfläche der Nordwand des Gebäudes ist in Abb. 92 wiedergegeben. Sie ähnelt im allgemeinen den Eckmasken der Wandfläche darunter (Abb. 89a), weicht aber doch in wichtigen Einzelheiten ab. Die Friesmasken fallen zunächst durch die Bildung des Mundes auf, der verhältnismäßig schmal ist, nur im Oberkiefer Zähne hat und von einer Zackenlinie umsetzt ist. Das Gebiß besteht aus zwei Schneidezähnen, die winklig ausgefeilt sind, wie die des Sonnengotts der Maya-Stämme[1], und aus je einem Seitenzahn, der nach hinten spiral sich einrollt, wie das Zahnpaar an jeder Seite des Mundes der Eckmasken (Abb. 89a) der Wandfläche.

Bedeutsame Verzierungen weisen die Wangenstücke und die Augenbrauen auf, die sich unter, bzw. über den großen Augen halbzylindrisch vorwölben. Die ersteren tragen (vgl. Abb. 92) auf der Fläche zwei aus Paaren von Totengebeinen gebildete Rauten und an den Seitenrändern die Hieroglyphe *caban*, die dem mexikanischen Zeichen *olin* entspricht und mit ziemlicher Sicherheit als Zeichen der Erde gedeutet werden kann. Die Augenbrauen dieser Friesmasken haben an der Südwand des Gebäudes die gleiche Bildung und Verzierung wie die Eckmasken der Wandfläche darunter

[1] Vgl. meine »Gesammelten Abhandlungen zur amerikanischen Sprach- und Altertumskunde« Band III, Berlin 1908, S. 612—614.

(Abb. 89a), an der Nordwand aber (Abb. 92) weisen sie die Ziffer acht auf und eine kleine Scheibe, die als »Tag« oder »Jahr« gelesen werden muß. Die gekreuzten Totengebeine und die komplizierteren aus Totengebeinens ich zusammensetzenden Symbole haben wir oben mehrfach schon als Begleitzeichen der Hieroglyphe des Planeten Venus angetroffen[1]. Und das gleiche gilt für die acht Jahre, die wir auf der mit der Hieroglyphe des Planeten Venus geschmückten Riesenmaske der Hauptfassade unseres Gebäudes antreffen werden, und die als großes Relief an dem Mausoleum III von *Chichen Itzá* neben dem Bilde der Gottheit des Planeten Venus gesehen wird[2].

Die Ohrgehänge der Friesmasken sind von einer nicht selten vorkommenden Form, weichen aber von der der Eckmasken der Wandfläche (Abb. 89a) ab. — Die Rüssel waren jedenfalls auch nach oben gebogen und in derselben Weise verziert wie die der Eckmasken der Wandfläche.

Die Masken der Säulen, die die Kanten des Frieses bilden, sind voneinander durch je eine glatte Steinreihe getrennt, gleichen aber im übrigen den eben beschriebenen Masken, die die Fläche des Frieses der Seitenfassaden füllen. Insbesondere weisen sie auch die gleiche aus Rauten von Totengebeinen und dem Zeichen *caban* bestehende Verzierung der Wangenstücke auf, weichen dagegen in der Augenbrauenverzierung ab. Auch die Mundbildung ist eine andere, da dieser hier oben und unten mit Zähnen besetzt ist.

Wenden wir uns nun zu der westlichen oder Hauptfassade des Baues, der eine Zeitlang das Gipfelgebäude des Hügels der Casa del Adivino war, zu dem an der Westseite des Hügels die das Erdgeschoß überbrückende Treppe emporführte, so sehen wir, daß dort (vgl. Abb. 94) zwischen den Maskensäulen der Nordwest- und Südwestecke des Gebäudes die Fassade durch ein Gurtgesims, das die unmittelbare Fortsetzung des Gurtgesimses der Nord- und der Südfront ist und diesem in jeder Beziehung gleicht (vgl. oben S. 100, Abb. 91), in eine Wandfläche und eine Friesfläche geschieden ist.

Die Friesfläche wird von einer Riesenmaske eingenommen, die in Abb. 95 (zusammen mit der südlichen Eckmaskensäule), noch einmal vergrößert wiedergegeben ist, von der aber nur die großen Augen, mit den Augenbrauen und den Wangenstücken und die Ohrpartien gut erhalten sind, und der insbesondere auch der obere Abschluß fehlt. Die Augenhöhle ist auf drei Seiten von einem schmalen, nach außen sich einrollenden Gebilde

[1] Siehe oben S. 40. und Abb. 22, S. 39; Abb. 26, S. 41.

[2] Vgl. meine »Gesammelten Abhandlungen« Band V, Berlin 1915, S. 367, Abb. 241—243.

Abb. 94. *Uxmal.* Casa del Adivino. Das alte Gipfelgebäude. Nach Westen gerichtete Hauptfassade. (Nach Aufnahmen von Teobert Maler und Caecilie Seler und Zeichnungen des Verfassers gezeichnet von Wilhelm von den Steinen.)

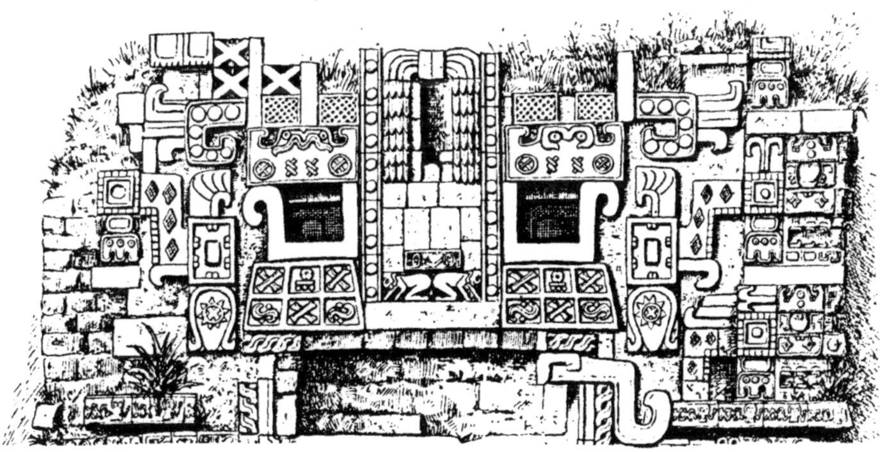

Abb. 95. *Uxmal.* Casa del Adivino. Das alte Gipfelgebäude. Untere Hälfte des Frieses der Hauptfassade (Westfront).

umzogen. In ihrem Hintergrunde wird die Pupille sichtbar, die durch einen halbkuglig sich vorwölbenden Stein repräsentiert ist, und über ihr das gerade abgeschnittene Lid. Auf den Augenbrauen sieht man in der Mitte, nahe dem obern Rande, die Hieroglyphe des Planeten Venus. Darunter zwei geflochtene Bandstücke, eine Art Mattengeflecht, und links und rechts von ihnen je eine mit einem diagonalen Kreuze verzierte Scheibe. Auf den Wangen sind sechs scharf abgegrenzte Felder angegeben, die sich in zwei Querreihen zu je drei Feldern ordnen. In dem Felde in der Mitte der obern Reihe — das ist offenbar der bedeutsamste Platz — sieht man eine Scheibe, die »Tag« oder »Jahr« bezeichnen kann und die Ziffer »acht«. In den beiden Feldern an den Enden der untern Reihe ein Zeichen, das aus den Maya-Handschriften als eine Variante des Tageszeichens *cimi* »Tod« bekannt ist. (Vgl. Abb. 85, oben S. 92.) Und mit diesen drei Hieroglyphen wechseln in der obern und untern Querreihe Paare gekreuzter Totenbeine.

Die Hieroglyphe des Planeten Venus ist bekannt. Sie ist durch die zahlenmäßigen, auf den Venusumlauf bezüglichen Angaben sichergestellt, die in der Dresdner Handschrift neben ihr zu finden sind. Ebenso ist aber auch die Zahl von acht Tagen mit dem Venusumlauf auf das engste verknüpft. Nach der »Historia de los Reynos de Colhuacan y Mexico« (den sogenannten »Anales de Quauhtitlan«) bezeichnen acht Tage die Zeit, die der Planet, nachdem er als Abendstern gestorben, d. h. am Abendhimmel mit der Sonne untergegangen war, in der Unterwelt weilte, um danach als Morgenstern am Himmel aufzugehen[1]. Und genau acht Tage werden auch auf den Blättern 46—50 der Dresdner Handschrift für die Unsichtbarkeit des Planeten in der untern Konjunktion angegeben. Das Zeichen *cimi* »Tod« und die gekreuzten Totenbeine haben danach offenbar zu den beiden ersten sich gesellt, weil es sich hier eben um den am Abendhimmel gestorbenen, die Unterwelt durchwandernden Gott handelt. — Dieselben Elemente haben wir nebeneinander auch anderwärts schon angetroffen, wenn auch nicht alle fünf oder sechs zusammen, so doch zwei oder drei von ihnen. — Die Hieroglyphe des Planten Venus und die gekreuzten Totenbeine fanden wir auf der obersten Maske der Maskensäulen des Ostgebäudes der Casa de las Monjas (Abb. 22, S. 39 und Abb. 26 S. 41). Nur hatten dort diese beiden Elemente ihre Rollen vertauscht. Die gekreuzten Totenbeine traten in scharfem Reliefe auf den Augenbrauen jener

[1] Vgl. meine »Gesammelten Abhandlungen zur amerikanischen Sprach- und Völkerkunde« Band I (Berlin 1902), S. 624 und 625.

Masken uns entgegen, während die Hieroglyphe des Planeten Venus auf den Wangenstücken angebracht war. Die acht Tage und zu Rauten geformte Totenbeine sahen wir auch auf den Masken Abb. 92, die die Friesfläche der Nordseite dieses mittlern der drei Gebäude der Casa del Adivino nahezu in ihrer ganzen Breite einnehmen. Die Hieroglyphe des Planeten Venus endlich, neben den acht Tagen (oder Jahren?), neben mattenartig geflochtenen Bändern und dazu dem Bilde des Gottes *Kukulcan* oder *Quetzalcouatl*, des Gottes des Planeten Venus, in seiner Federschlangenverkleidung, bilden den Schmuck der Außenwände des sogenannten Mausoleums III von *Chich'en Itzá*[1]. Es ist kein Zweifel, daß durch die Gesamtheit der oben genannten Elemente dieses alte Gipfelgebäude, das mittlere der drei Gebäude der Casa del Adivino — und wahrscheinlich auch das ganze »Haus des Wahrsagers« — als Haus oder Tempel der Gottheit des Planeten Venus gekennzeichnet werden sollte, und daß man des Gottes hier gedachte, wenn er als Stern am Abendhimmel erschien, denn diesem, der Region des Westens, dem Eingange in die Unterwelt, sind ja die sämtlichen Fronten der Casa del Adivino zugekehrt.

Die viereckigen Ohrpflöcke unserer großen Riesenmaske Abb. 95 sind im Vergleich zu den Verhältnissen, die sie in anderen Masken zeigen, klein zu nennen. Über ihnen erhebt sich als Ohrmuschel eine Volute, die auf ihrem breiten äußeren Teile eine Zeichnung aufweist, die an Federn erinnert. Die Ohrgehänge sind eiförmig und zeigen auf ihrer Fläche eine Zeichnung, die wohl als Stern zu deuten ist, aus einer Scheibe mit einem diagonalen Kreuze bestehend, die von einem Zackenkranze umgeben ist. Vgl. auch die Skulpturen Abb. 33a, b, oben S. 47 und die anderen entsprechenden Gebilde von der östlichen Hauptfront des Westgebäudes der Casa de las Monjas. Von der Außenkante eines jeden der beiden Ohrpflöcke geht ein winklig gebogener gefleckter Schlangenleib aus, der nach zweimaliger Knickung mit dem äußeren Rande der zweituntersten, mittleren der drei Masken, die von der Eckmaskensäule des Frieses noch erhalten sind, sich verbindet. Dieser Schlangenleib gehört aber offenbar nicht zu der Riesenmaske der Friesfront, sondern eben zu dieser zweiten Maske der Frieskante. Denn genau ein gleicher gefleckter Schlangenleib geht von der äußeren Kante des Ohrpflocks der ersten, untersten der drei Masken der Frieskante mit einmaliger Knickung nach unten (vgl. Abb. 95, an der Seite rechts vom Beschauer).

[1] Vgl. meine »Gesammelten Abhandlungen zur amerikanischen Sprach- und Völkerkunde« Band V (Berlin 1915), S. 367, Abb. 241—243.

Der obere Abschluß der Riesenmaske (Abb. 95) wird über den Augenbrauenstücken durch zwei Platten feinen diagonalen Gitterwerks gebildet, die durch senkrechte Steinbalken begrenzt werden, und von denen an den Außenseiten je eine, mit Scheiben verzierte Volute ausstrahlt. — Darüber scheint ein zweites, viel weitmaschigeres, aber ebenfalls durch senkrechte Steinbalken gegliedertes diagonales Gitterwerk sich fortzusetzen, das als Flächenfüllung zu betrachten ist.

Den Hauptteil, in der Mitte der Maske, sollte, so müßte man erwarten, eine der bekannten elefantenrüsselartig nach oben oder unten geschwungenen Nasen bilden, wie sie die oben in Zeichnung wiedergegebenen Masken des Ost-, West- und Nordgebäudes der Casa de las Monjas zeigen. Davon kann aber hier in keiner Weise die Rede sein. Die auffallend breite Partie zwischen den Augen und den Wangenstücken wird hier (vgl. Abb. 95) von einer glatten Quadersteinwand gebildet, über die nur, in der Höhe des unteren Augenrandes der Riesenmaske, ein an der Vorderseite mit einem Reliefe versehener Sockel vorspringt, der von zwei voneinander abgekehrten, in tierischer Haltung auf dem Boden hockenden nackten Gestalten (Affen? Kriegsgefangenen?) getragen wird. An keiner Stelle ist in dieser Quadersteinwand eine Lücke vorhanden, in der ein Rüssel eingezapft gewesen sein könnte. Dagegen hat, unzweifelhaft, auf diesem Sockel, von der Quadersteinwand sich abhebend, eine menschliche Figur oder Götterfigur ihre Stelle gehabt, von der aber leider, außer dem großen, links und rechts herabfallenden Quetzalfederschmucke nichts mehr erhalten ist. Nach dem Aufbaue dieses Schmuckes zu urteilen, könnte die Figur denen ähnlich gewesen sein, die auf dem Friese der östlichen Hauptfassade der Casa del Gobernador von *Uxmal* angebracht waren, von denen allerdings auch nur noch sehr unvollständige Bruchstücke an ihrer Stelle zu sehen sind. Vielleicht gehen wir auch nicht fehl, wenn wir annehmen, daß diese Figur auf der Riesenmaske der Casa del Adivino von *Uxmal* im großen und ganzen derselben Art war, wie die Gottheit, die man in der Mitte des Frieses der östlichen Hauptfassade des ebenerdigen Ostflügels der Casa de las Monjas von *Chich'en Itzá* inmitten eines außen von zwei Wasserschlangen umfaßten Strahlenkranzes thronen sieht[1]. Es ist wohl sicher, daß wir diese Gestalt, als die eine der

[1] Vgl. meine »Gesammelten Abhandlungen zur amerikanischen Sprach- und Völkerkunde« Band V (Berlin 1915), S. 223 und Taf. VII.

beiden Gottheiten, die ich in den Reliefen und den Malereien von *Chich'en Itzá* nachgewiesen habe, deuten dürfen, und zwar als den von der Federschlange begleiteten Gott, der wohl *Kukulcan* und dem Morgensterne gleich zu setzen ist[1].

Auf die Nasenpartie und die Wangenstücke zu deren Seiten müßte dann nach unten der obere Mundrand folgen. Das ist auch in der Tat der Fall, denn man sieht aus der unter den Wangenstücken folgenden horizontal sich hinziehenden und dann beiderseits rechtwinklig umbiegenden Umgrenzung — die der Mundrand sein muß — an der linken Seite der Maske einen spiral sich krümmenden Hauzahn herausragen, dem nach innen zu noch ein Seitenzahn zu folgen scheint. Doch scheint merkwürdigerweise dieser Mundrand hier als ein Zierband ausgebildet, aus zwei miteinander verschlungenen Wellenbändern zusammengesetzt zu sein. Dieses Zierband ist an den senkrecht absteigenden Ästen innen noch mit einer besonderen Leiste verbrämt, über deren Bedeutung ich mich vorläufig noch nicht aussprechen will. Dieses absteigende Band (vgl. Abb. 94) begleitet die Türränder in einem gewissen Abstande und biegt dann in halber Höhe vom Boden noch einmal rechtwinklig um, um, nach einer zweiten Biegung, gerade abwärts absteigend, vermutlich bis zur Bodenlinie zu gelangen. Daß hier die Türöffnung des Gebäudes als Schlund der großen Maske gedacht ist, die die Fläche des Frieses füllt, ist sicher. Aber man versteht nicht, und kann es nach den hier gegebenen Elementen nicht verstehen, warum der Mundrand den oben beschriebenen sonderbaren Verlauf hat, warum der Mundöffnung diese merkwürdige Art der Umgrenzung gegeben ist. Die Erklärung ergibt sich aus andern Vorkommnissen, wo einfachere Formen den Sachverhalt besser erkennen lassen, und wo vermutlich auch die Bildner, die den Plan entwarfen, eine deutlichere Vorstellung von dem, was dargestellt werden sollte, hatten.

Im östlichen Teile des Staates *Campeche*, in der Gegend, die man die Provincia de los Chenes nennt, wegen der vielen Orte, die in ihrem Namen das Wort *ch'en* »Brunnen« enthalten, findet sich eine gewisse Zahl von Bauwerken übereinstimmenden Charakters, die sich durch eine besondere, augenscheinlich erst später hinzugefügte Fassade auszeichnen, denen ich in den Abhandlungen der Berl. Akad. d. Wiss., Jahrgang 1916, Philo-

[1] Vgl. meine »Gesammelten Abhandlungen zur amerikanischen Sprach- und Völkerkunde« Band V (Berlin 1915), S. 223 und Taf. VII.

sophisch-historische Klasse Nr. 2 unter dem Titel »Die *Quetzalcouatl*-Fassaden yukatekischer Bauten« eine eingehende Studie gewidmet habe. Die Elemente dieser Fassaden sind leicht verfolgbar. Sie müssen auch den ungeübtesten Beschauer erkennen lassen, daß es im wesentlichen die gleichen Formbestandteile sind wie die, die ich soeben von der in Abb. 94 wiedergegebenen Hauptfassade des alten Gipfelgebäudes der Casa del Adivino beschrieben habe. In der Tat, wir haben auch hier bei den von mir als *Quetzalcouatl*-Fassaden bezeichneten verzierten Fronten auf dem Friese, den ganzen Raum zwischen Eckmaskensäule und Eckmaskensäule füllend, die Riesenmaske, deren unten verlängerte Mundöffnung die Türöffnung des Gebäudes umschließt, wir haben denselben merkwürdigen Verlauf des Mundrandes, in den Mundwinkeln nach hinten umbiegend und nach zweimaliger annähernd rechtwinkliger Knickung dem Boden sich nähernd. Aber dieser merkwürdige Verlauf des Mundrandes versteht sich bei den *Quetzalcouatl*-Fassaden dadurch, daß der absteigende Teil dieses Mundrandes der mit großen Zähnen bewehrte Mundrand zweier im Profil gezeichneter Schlangenrachen ist, die, krokodilartig aufklappend, mit dem Schnauzenende nach oben gerichtet, einer zu jeder Seite der Türe des Gebäudes angebracht sind, den Türrand in einem gewissen Abstande begleitend. In dem Winkel dieser aufklappenden Schlangenrachen sieht man ein großes Auge, dessen Braue in einigen Fällen deutlich von einer Schlange mit im Profil gezeichneten krokodilartig aufklappenden Rachen gebildet wird. Aus dem Mundwinkel hängt das hauzahnartige Doppelgebilde heraus, mit den auseinanderstrebenden, sich einrollenden Enden nach außen gerichtet oder unten den Boden berührend[1].

Was diese *Quetzalcouatl*-Fassaden deutlich uns zeigen, das muß auch der Verzierung der Wandfläche der Hauptfassade des alten Gipfelgebäudes Abb. 94 der Casa del Adivino zugrunde liegen. Der absteigende, nach zweimaliger rechtwinkliger Umbiegung dem Boden sich nähernde Verlauf des Mundrandes, muß auch hier der Mundrand zweier den Türrand begleitender im Profil gezeichneter aufklappender Schlangenrachen sein oder gewesen sein, und Zähne, Auge, hauzahnartige Gebilde dieser Schlangenrachen müssen auch in der Verzierung der Wandfläche der reichgeschmückten Hauptfassade, (Abb. 94) irgendwie vertreten sein. Das scheint nun auch in

[1] Vgl. den Aufsatz über die Quetzalcouatl-Fassaden a. a. O. Taf. VI und S. 30, Abb. 26.

der Tat der Fall zu sein. Zwar das aus dem Mundwinkel der Schlangenrachen heraushängende hauzahnartige Doppelgebilde kann ich nicht aufzeigen. Es muß, wenn es erhalten ist, tief unter dem Schutte vergraben sein, der gut ein Viertel der ganzen Wandhöhe der Fassade verdeckt. Die Zähne, die an den im Profile gezeichneten Schlangenrachen der *Quetzalcouatl*-Fassaden uns so eindrucksvoll entgegentreten, scheinen in der Abbildung 94 abgefallen zu sein, wenn sie nicht durch die obenerwähnte Leiste vertreten sind, die den aus ineinander verschlungenen Wellenlinien bestehenden eigentlichen Mundrand in der gerade absteigenden Strecke auf der Innenseite verbrämt. Aber das Auge der Schlange, und was dazu gehört, scheint in dem Winkel des aufklappenden Schlangenrachens auch in unserer Abbildung 94 nachweisbar zu sein.

Dieser Winkel des aufklappenden Schlangenrachens, in dem bei den *Quetzalcouatl*-Fassaden das große Auge der Schlange sichtbar wird, und der dahinter anschließende Raum bis zu den Maskensäulen, die die Kanten des Gebäudes decken, ist hier in der Abbildung 94 jederseits durch eine Verzierung gefüllt, die in den Abbildungen 96 und 97 nach Photographien Le Plongeon's[1] und eigenen Zeichnungen wiedergegeben ist. Eine genauere Betrachtung dieser »Verzierungen« lehrt folgendes: Genau an der Stelle, wo in den *Quetzalcouatl*-Fassaden das senkrecht gestellte große Auge der Schlange sichtbar wird[2], sehen wir hier, quer gestellt, ein tiefes viereckig umrandetes Loch, aus dem offenbar ein Werkstück ausgefallen ist, das, wie üblich, zur Herstellung des Steinmosaiks in die Mörtelmasse der Wand eingesetzt war. Dieses Loch ist auf der linken Seite (rechts vom Beschauer, vgl. Abb. 97) in allen Teilen sichtbar; auf der rechten Seite aber (links vom Beschauer, vgl. Abb. 96) ist es durch ein offenbar später von unbefugter Hand eingezwängtes Werkstück, das auch benachbarte Teile überdeckt, unsichtbar gemacht worden. Links und rechts (also in querer Richtung) ist dieses Loch von zwei Werkstücken eingefaßt, die ihrer Gestalt nach an Augenbrauen erinnern und die nicht nur in Abb. 97 sondern auch in Abb. 96 noch zu erkennen sind, gleiche Verzierungselemente aufweisend. Augenscheinlich haben wir hier eine unverstandene Wiedergabe des Auges der aufklappenden Schlangenrachen der *Quetzalcouatl*-

[1] Augustus Le Plongeon, M. D. »Queen *Móo* and the Egyptian Sphinx« New York 1900. Published by the author. Plate LXXI (p. 218) and LXXIII (p. 256).

[2] Vgl. meinen oben angeführten Aufsatz über diese Fassaden Abb. 26, 41, 55.

Fassaden. Die beiden es links und rechts einfassenden Werkstücke sind danach als Vertreter von Augenbraue und Wangenstück zu deuten.

Wenn damit die Möglichkeit der Vergleichung der Hauptfront des alten Gipfelgebäudes der Casa del Adivino und der *Quetzalcouatl*-Fassa-

Abb. 96. *Uxmal.* Casa del Adivino. Altes Gipfelgebäude. Hauptfassade (Westfront). Mit astronomischen Zeichen erfüllte Streifen auf der nördlichen Hälfte der Hauptwandfläche zur Seite der Tür.

Abb. 97. *Uxmal.* Casa del Adivino. Altes Gipfelgebäude. Hauptfassade (Westfront). Mit astronomischen Zeichen erfüllte Streifen auf der südlichen Hälfte der Hauptwandfläche zur Seite der Tür.

den in der Tat nahegerückt ist, so fragt sich doch noch, ob wir auf der Fassade der Casa del Adivino ein Äquivalent auch der andern Dinge finden, die auf den *Quetzalcouatl*-Fassaden neben dem Auge der aufklappenden Schlangenrachen des Wandteils der Fassaden noch zu sehen sind. Das große Auge der aufklappenden Schlangenrachen der *Quetzalcouatl*-Fassaden fanden wir von der Figur einer Schlange oder offenbaren Ableitungen eines Schlangenleibes umgeben. In der Nachbarschaft des Pseudoauges der Pseudoschlangenrachen der Casa del Adivino — anders kann man diese figürlichen Elemente kaum bezeichnen — sieht man von einem quergestellten Stücke an der Innenseite der Verzierungsflächen (*D* 5, Abb. 96 und *A* 5, Abb. 97) nach oben einen mäandrisch sich einwickelnden, nach unten einen einfach winklig gebogenen Streifen ausgehn, die beide mit astronomischen Zeichen bedeckt sind, denen ähnlich, die wir auf den sogenannten Himmelsschildern der Maya-Handschriften kennengelernt haben.

Die Verteilung der Symbole auf diesen Streifen ist auf beiden Seiten der Fassadenwand symmetrisch und im wesentlichen die gleiche. An der astronomischen Natur dieser Zeichen ist nicht zu zweifeln[1]. Wir müssen also auch diese mäandrisch sich einwickelnden Streifen den Himmelsschildern gleichsetzen, — von denen sie sich in der Tat nur durch ihre Form unterscheiden — und sie, gleich diesen, als Abbilder des Himmelsgewölbes deuten. Ist das aber der Fall, so ist damit die Homologie dieser mäandrisch sich einwickelnden Streifen der Fassade der Casa del Adivino und der Schlangenleiber gegeben, die — ein merkwürdiges Vorkommnis — die Augen der aufgerichteten aufklappenden Schlangenrachen der *Quetzalcouatl*-Fassaden überwölben, denn auch die Schlangenleiber waren, wie ich an andern Stellen genauer nachgewiesen habe[2], Abbilder des Himmelsgewölbes. So ist in der Tat diese ganze westliche Hauptfassade des alten

[1] Die astronomische Natur dieser Zeichen ergibt sich aus ihrer Verwandtschaft mit den oben genannten »Himmelsschildern« und mit den Zeichen, die den Rahmen der Pfeilerbilder des Palastes von *Palenque* und der Basalstreifen der Altarplatten der Tempel derselben Ruinenstadt füllen (vgl. meinen Aufsatz »Beobachtungen und Studien in den Ruinen von *Palenque*«. Abh. d. Berl. Akad. d. Wiss., Jahrg. 1915. Phil.-hist. Klasse Nr. 5. Abb. 4, 5—9, 28—31). In der Tat treffen wir unter den Zeichen der Abb. 96 und 97 die Hieroglyphe *kin* »Sonne« (Abb. 96 D 1, D 6; Abb. 97 A 1, A 6, D 1*). Ferner eine, wie es scheint, dem Zeichen *cimi* »Tod« verwandte Hieroglyphe (Abb. 96 D 3; Abb. 97 A 2), und eine andre, die sicher wohl als *akbal* »Nacht« zu deuten ist (Abb. 96 D 2, D 7: Abb. 97 C 1, A 7). Weiter ein aus Kreuz und Raute zusammengesetztes Zeichen (Abb. 96 B 1; Abb. 97 B 1, A 3). Endlich das auch an Himmelsschildern der Handschriften und entsprechenden Stellen der Monumente überaus häufig erscheinende diagonale Kreuz (Abb. 96 D 4, C 7, A 2*, B 3*; Abb. 97 A 4, B 7, C 3*, D 2*), das ein Zeichen der Verbindung zu sein scheint.

[2] Vgl. meinen Aufsatz »Beobachtungen und Studien in den Ruinen von *Palenque*«, a. a. O. S. 83 ff., Abb. 101 und 102.

Gipfelgebäudes der Casa del Adivino mit ihrem überladenen Schmucke und ihren verwirrenden Einzelheiten nichts andres als eine letzte Entwicklung der so eindrucksvollen, kräftigen und stilistisch strengen *Quetzalcouatl*-Fassaden, und als solche habe ich sie auch in meinem Aufsatze über diese Fassaden im vorigen Jahrgange dieser Abhandlungen behandelt. In einem Punkte aber geht die Fassade der Casa del Adivino über das hinaus, was uns die *Quetzalcouatl*-Fassaden zeigen. Durch die das Auge umziehenden Schlangenleiber, Abbilder des Himmelsgewölbes, kennzeichnen sich die aufgerichteten, die Tür einschließenden aufklappenden Schlangenrachen des Wandteils der *Quetzalcouatl*-Fassaden als himmlische, im Himmel wohnende Wesen oder geradezu als Abbilder des Himmels, gleichwie ein anderes Bild des Himmels, die mit Augen, d. h. mit Sternen, besetzte dunkle Scheibe, das Abbild des Sternhimmels oder der Nacht, den Gott des Nordens *Mixcouatl* und die Gottheit des Planeten Venus *Tlauizcalpan tecutli*, als himmlische, im Himmel lebende Götter erkennen läßt[1]. Nichts dergleichen ist auf den Riesenmasken angegeben, die auf dem Friesteile der *Quetzalcouatl*-Fassaden die ganze Fläche von Eckmaskensäule zu Eckmaskensäule füllen. Es war augenscheinlich die Bedeutung dieser Riesenmasken allem Volke bekannt, eine nähere Charakterisierung überflüssig. Wir heute gehören nicht zu den Eingeweihten. Wir würden ratlos sein, träte nicht zum Glück die westliche Hauptfassade des alten Gipfelgebäudes der Casa del Adivino (Abb. 94), die ein Homologon der *Quetzalcouatl*-Fassaden ist, ergänzend ein. Sie ist, wie wir oben (S. 104, 105) gesehen haben, mit der Hieroglyphe des Planeten Venus und andern Symbolen, die sich auf den Planeten Venus beziehen, geschmückt. Ich habe daher, der Homologie Rechnung tragend, keinen Anstand genommen, nicht nur die Fassade des alten Gipfelgebäudes der Casa del Adivino von *Uxmal*, sondern auch die von *Hochob, Tabasqueño* und *Dibil nocac* als *Quetzalcouatl*-Fassaden zu bezeichnen, denn *Quetzalcouatl* war der Gott, dessen Herz sich in den Planeten Venus verwandelte[2].

Das von einem Schlangenleibe, dem Abbilde des Himmelsgewölbes, umwundene Auge ist ein besonders mexikanischer Zug der *Quetzal*-

[1] Vgl. die Bilder dieser beiden Götter in meinem Aufsatze »Die *Quetzalcouatl*-Fassaden yukatekischer Bauten«, a. a. O., S. 77, Abb. 60 und S. 78, Abb. 61.

[2] Historia de los Reynos de Colhuacan y México (Anales de Quauhtitlan), M. Coll. Aubin-Goupil, Bibliothèque Nationale, Paris.

couatl-Fassaden — wie ich in meinem Aufsatze über diese Fassaden näher auseinandergesetzt habe. Die Hieroglyphe des Planeten Venus auf der westlichen Hauptfassade des alten Gipfelgebäudes der Casa del Adivino gehört der hieroglyphischen Schrift der Dresdner Handschrift an. Sie zeigt eine jüngere Zeit an, wo die mexikanischen Kaufleute und Kolonisten, die in die von den *Maya*-Völkern bewohnten Gebiete eingedrungen waren, die von ihnen mitgebrachte Kultur schon in der Richtung entwickelt hatten, die man heute, vielleicht sehr mit Unrecht, als *Maya*-Kultur bezeichnet.

VII. Haus des Wahrsagers — Casa del Adivino.

C. Das jetzige Gipfelgebäude.

Das reichverzierte Gebäude, das ich in dem Vorstehenden geschildert habe, steht heute auf einem Risalite, das an dem Westabhange der Casa del Adivino vorspringt. Ursprünglich war dies wohl die Gipfelfläche der Pyramide, aber zu einer gewissen Zeit muß diese Höhe von $18^1/_2$ m dem frommen Bedürfnis nicht genügt haben. Eine Erhöhung wurde beschlossen und ausgeführt, der zu Liebe der hintere Teil des Hinterzimmers des auf dem Risalite errichteten Gebäudes durch teilweise Ausfüllung mit Steinen solide gemacht, und die ganze Hinter- und Seitenfront des alten Hauses, das jetzt das Hinterzimmer des auf dem Risalite errichteten Gebäudes bildet, in die Neuaufschüttung einbezogen wurde. Um ganze $8^1/_2$ m wurde der Hügel erhöht, und gleichzeitig wurde wohl auch die Nord- und die Südwand des Hügels hinausgeschoben, so daß in einer Höhe von nahezu 27 m eine schmale Plattform entstand — von senkrechten aus 8—10 Steinreihen bestehenden Mauern umgrenzt —, auf der nun das jetzige Gipfelgebäude errichtet wurde, dessen Form und Größe aus der Gesamtansicht, die ich auf der Taf. XVIII und in dem obern Bilde der Taf. XIX wiedergegeben habe, zu ersehen ist. Da die an dem Fuße der Westseite heraufgeführte Treppe über das Gebäude auf dem Risalite nicht fortgesetzt werden konnte, so wurde an der Ostseite des Hügels eine neue nicht minder steile Treppe, in der Breite von 2.20 m und 90 Stufen zählend, zu der jetzigen Gipfelfläche emporgeführt. Daß zwei Treppen vorhanden sind, von denen nur die eine zum Gipfel führt, ist ein Beweis, daß in der Tat die Gebäude, in der Weise, wie ich es oben auseinandergesetzt habe, nacheinander entstanden sind.

Das Gipfelgebäude der Casa del Adivino (vgl. den Grundriß Abb. 98a) ist ein nordsüdlich orientiertes Gewölbe, das eine Mauerstärke von 0.84 m hat und in drei in einer Reihe liegende Zimmer geteilt ist. Das mittlere Zimmer öffnet sich nach Westen. Die Zimmer an den beiden Enden hatten Türöffnungen nach Osten. Der gerade Teil der Wand bis zur untern Gewölbkante hat eine Höhe von 2.20 m. Die Seiten der Gewölbe sind sanft gerundet. Am Gewölbteile der Gemächer an den Enden und an den diesen Gemächern zugekehrten Giebelwänden sind in unregelmäßigem Quincunx flache, kreisrunde, napfförmige Vertiefungen angebracht (Abb. 98b).

Abb. 98a. *Uxmal.* Casa del Adivino. Das jetzige Gipfelgebäude. Grundriß.

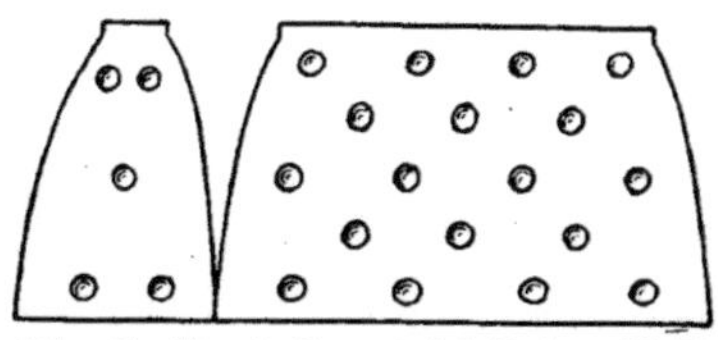

Abb. 98b. *Uxmal.* Casa del Adivino. Gipfelgebäude. Napfförmige Vertiefungen auf den Gewölbseiten.

In der Verzierung der Außenwände besteht ein Unterschied zwischen dem mittleren oder Hauptteile der nach Westen gewandten Seite und den übrigen Teilen der Außenwand. Die Hinterwand oder Ostfront (Abb. 99), die beiden Schmalseiten und die Endstücke der nach Westen gerichteten Vorderwand haben einen Untersatz, der aus einer senkrechten vorkragenden Steinreihe (0.19 m), einem vertieften Halbsäulchenstreifen (0.29 m), einer zweiten senkrechten vorkragenden Steinreihe (0.17 m) und einer schräg vorkragenden Steinreihe (0.20 m) besteht. Darüber folgt eine 2.10 m hohe senkrechte Wandfläche, die aus glatten Quadersteinen zusammengefügt ist, ein Friesuntergesims gewöhnlicher Form, eine aus glatten Quadern bestehende Friesfläche und das abschließende Friesobergesims, das ebenfalls die gewöhnliche Form hat, d. h. aus einer senkrechten vorkragenden Steinreihe zwischen zwei schräg vorkragenden Steinreihen besteht. Wandfläche, Friesfläche und die Steinreihen der beiden Gesimse sind mit in vertieften Punkten ausgeführten Linien verziert. Die mittleren Steinreihen der beiden Gesimse weisen zwei wagerechte und gleichlaufende Punktreihen auf. Auf den beiden schräg vorkragenden Steinreihen sieht man zwei Zickzacklinien. Auf der Wandfläche und den Friesflächen wechseln diagonale Gittermuster mit Mäanderwickeln — alles, wie gesagt, in durchbrochenen, aus eingegrabenen Punkten bestehenden Linien ausgeführt. Eine besondere Verzierung weist der Fries der Mitte der Hinterwand auf. Dort steht (vgl. Abb. 99), auf dem obern Gliede des Gurtgesimses aufsetzend, ein Haus, ähnlich dem an der Nordfront des Südgebäudes und der Südfront des Nordgebäudes der Casa de las Monjas. Der untere Dachrand liegt in einer Linie mit dem untern Rande des Friesobergesimses; der obere Dachrand scheint über den obern Rand des Friesobergesimses hinauszuragen.

Der mittlere Teil der nach Westen gerichteten Vorderfront

Abb. 99. *Uxmal.* Casa del Adivino. Gipfelgebäude. Untersatz, Wandfläche und Fries des mittleren Teils der Hinterseite (Ostfront).

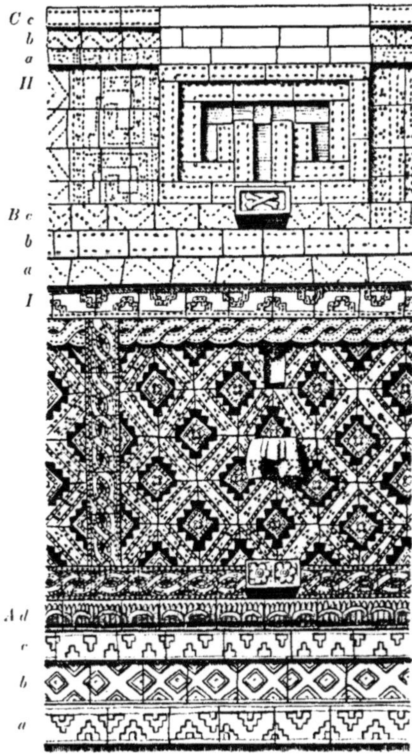

Abb. 100. *Uxmal.* Casa del Adivino. Gipfelgebäude. Untersatz, Wandfläche und Fries des mittleren Teils der westlichen Hauptfassade.

bis 5 m beiderseits der Türe dagegen hat eine besondere und sehr reiche Verzierung, die sich auf Untersatz, Wandfläche, Friesfläche und die Gesimse erstreckt (Abb. 100 und Taf. XXI, 1).

Die beiden senkrechten Steinreihen des Untersatzes (*A*, *a* und *A*, *c*) haben ein Treppenmuster. An dem Südstücke ist das Treppenmuster in der untern und der mittleren Steinreihe gleich und dreistufig. An dem Nordstück ist das in der untersten Steinreihe (*A*, *a*) auch dreistufig, aber mit einer akzessorischen Stufe in der Mitte des vertieften Teiles; das in der mittleren Steinreihe (*A*, *c*) zweistufig. — Das zweite Glied des Untersatzes, das dem Halbsäulchenbande der andern Außenwandstrecken entspricht (*A*, *b*) hat ein Diagonalkreuz- oder Rautengittermuster (diamond pattern). — Das vierte Glied des Untersatzes (*A*, *d*) endlich zeigt ein aus aufrechten Federn gebildetes Muster, genau dem vierten Gliede des Friesunter- und des Friesobergesimses des Erdgeschosses entsprechend (Abb. 79, 80, oben S. 89). Ich habe leider versäumt, die genauen Maße zu nehmen. Es erscheint mir nicht ausgeschlossen, daß diese Untersatzreihe von dem Friesuntergesimse des Erdgeschosses stammt, dessen oberstes Glied in der ganzen Breite der Treppenüberbrückung entfernt werden mußte, um für den Fuß des überbrückenden Gewölbes, das auf dem dritten Gliede des genannten Gesimses, dem Schlangenklapperzylinder, aufgesetzt wurde, Platz zu machen.

In der senkrechten Wandfläche (*I*) ist die oberste Steinreihe friesartig mit besonderer Verzierung versehen. Sie zeigt ein Treppenmuster, das dem des unteren und mittleren Gliedes des Untersatzes entspricht, aber, gleich den andern Teilen der Wandfläche mit ovalen, stark ausgearbeiteten, vertieften Punkten versehen ist (Abb. 100, *I*). — Die übrige Wandfläche zeigt ein Diagonalkreuz- oder rhombisches Gittermuster von *itzcouatl*-Zackenlinien, das in Quadranten geteilt ist, die ringsum von einer Schnur aus zwei miteinander verschlungenen Wellenbändern (Schlangenleibern?) umzogen ist. Die Maschen des *itzcouatl*-Rautengitters sind von Rautensteinen ausgefüllt, die ein diagonales Kreuz als Kern haben. Der mittlere Teil der *itzcouatl*-Stäbe und der schlangenartig verschlungenen Bänder, die die Rautengitterquadranten umziehen, sind mit Gruppen von drei vertieften Punkten ausgefüllt, die vielleicht Jaguarflecken nachahmen sollen; die Randstreifen mit einfachen, ovalen punktförmigen Vertiefungen.

Die Steinreihen der Gesimse (Abb. 100, *B* und *C*) und der Friesflächen (Abb. 100, *II*) haben keine besondern Verzierungen, nur die wagerechten und die Zickzacklinien der Gesimse und auf der Friesfläche die diagonal sich kreuzenden oder Mäanderwickel bildenden Punktreihen, wie sie auf den andern Stücken der Außenwände sich finden.

In die Wandfläche, den Fries und die Gesimse dieses mittleren, besonders verzierten Teiles der Westfassade sind aber nun noch, ähnlich wie in die des West- und des Nordgebäudes der Casa de las Monjas, voll ausgearbeitete Figuren eingesetzt gewesen.

Die Mitte eines jeden Quadranten der Wandfläche trug auf einem Sockel, der mit einem Blumenmuster versehen war (vgl. Abb. 100 am untern Rande der Wandfläche I und Abb. 101 *a, b, c*), eine aufrechte menschliche Figur, die die ganze Höhe der Wand einnahm. Waldeck scheint einzelne dieser

Abb. 101. *Uxmal.* Casa del Adivino. Gipfelgebäude. Mittlerer Teil der westlichen Hauptfassade. Blumenmuster auf den Sockeln der Steinfiguren, die in das Rautengitter der Wandfläche eingesetzt waren.

Figuren noch unversehrt gesehen zu haben. Vgl. seine Zeichnung der Fassade, die in dem zweiten Bilde der Taf. XXI wiedergegeben ist. Heute sind nur die Sockel noch erhalten und in einem der beiden Quadranten des Nordstückes ein Stück des Rumpfes, der obere Teil der Schenkel und, wenn Waldeck richtig gezeichnet hat, die entblößten Geschlechtsteile — offenbar die Teile der Figur, die dem Zapfen, mit dem die Figur in die

Abb. 102. *Uxmal.* Casa del Adivino. Gipfelgebäude. Westfront. Masken, dem Friesobergesimse eingefügt.

Wand eingesetzt war, am nächsten lagen. Wenn die Figur wirklich die Geschlechtsteile entblößt hatte, so würde das darauf hinweisen, daß wir es hier wieder mit der Figur eines Gefangenen zu tun haben, wie an den Fassaden des Nordgebäudes der Casa de las Monjas.

In den Friesstücken über diesen Figuren (Abb. 100, *II*) sieht man einen doppelten Mäanderwickel, der gleich den andern Teilen des Frieses und der Gesimse mit Reihen eingegrabener Punkte verziert ist. In der Mitte dieser

Mäanderwickel waren auf Sockeln, die auf der Vorderseite mit gekreuzten Totenbeinen verziert sind, und die dem obern Gliede des Friesuntergesimses eingefügt waren (Abb. 100, *Bc*), andere Figuren befestigt. Waldeck zeichnet ein Haus mit rundem Dache (Taf. XXI, 2).

In dem Friesobergesimse darüber endlich (Abb. 100, *C*) sieht man heute noch (vgl. Abb. 102), in das mittlere Glied des Gesimses eingesetzt, je ein Augenpaar mit einfach verzierter Augenbraue und entsprechendem Unteraugenstücke — also Teile einer Maske. Waldeck zeichnet merkwürdigerweise davon nichts, aber in dem obern Gliede des Friesobergesimses ein phantastisches Gesicht mit reichem Quetzalfederschmucke (Taf. XXI, 2).

IX. Haus des Wahrsagers — Casa del Adivino.

D. Nebengebäude.

Abb. 103a. *Uxmal.* Südliches Langgebäude an der Hinterseite der Casa de los pájaros. Grundriß.

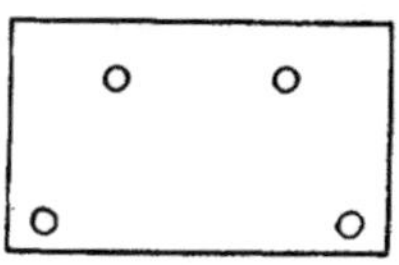

Abb. 103b. *Uxmal.* Südliches Langgebäude an der Hinterseite der Casa de los pájaros. Pfahllöcher.

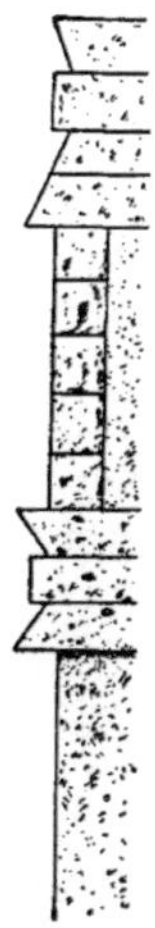

Abb. 103c. *Uxmal.* Südliches Langgebäude an der Hinterseite der Casa de los pájaros. Aufbau der Außenfront.

In der Nähe der Casa de las Monjas und der Casa del Adivino befinden sich noch zwei Gebäude, deren Zugehörigkeit aber zweifelhaft ist, da sie außerhalb sowohl des Hofes der Casa de las Monjas wie des Vorplatzes der Casa del Adivino liegen. Ich möchte sie als das südliche und das nördliche Langgebäude bezeichnen.

Das erste (Abb. 103a) ist ein ungefähr 24 m langer, nordsüdlich orientierter Bau an der Hinterseite (Westseite) der Terrasse, die das südliche »Haus der Vögel« trägt. Der Bau ist in vier Zimmer geteilt, die ihre Öffnung nach Westen haben. Die Mauern sind von ziemlicher Dicke (1.05 m). Die Gewölbseiten sind gerade. Pfahllöcher sind vier vorhanden, zwei nahe der Unterkante und nahe den Enden des Gewölbes, zwei mehr nach innen gerückte, nahe der Oberkante des Gewölbes (Abb. 103b).

Das Nordende des Baues ist bis einschließlich des Friesobergesimses erhalten: das Südende ist ziemlich zerstört. Über der glatten, aus regelmäßig zubehauenen Quadern aufgeführten Wand folgt ein Friesuntergesims der gewöhnlichen Form. Der Fries ist an der einzig erhaltenen Hinterwand und der nördlichen Schmalwand ebenfalls glatt. Das Friesobergesims besteht aus zwei schräg vorkragenden Steinreihen, einer mittleren senkrechten vorkragenden Reihe und den oberen, abschließenden, schräg vorkragenden Steinreihen, von denen ebenfalls wenigstens zwei vorhanden gewesen sein müssen (Abb. 103c).

Das nördliche Langgebäude (Abb. 104a) liegt nördlich von dem Walle, der den Vorplatz vor dem Westabhange der Casa del Adivino im Norden begrenzt und am Ostfuße der Terrasse, die das Ostgebäude der Casa de las Monjas trägt. (Vgl. den von Holmes gezeichneten Gesamtplan der hauptsächlichsten Bauwerke, der der ersten Seite dieses Aufsatzes gegenübergestellt ist.) Dieses nördliche Langgebäude besteht aus zwei nordsüdlich orientierten Doppelgewölben, die durch ein ostwestlich orientiertes Quergewölbe, das offenbar ehemals ein Durchganggewölbe war, jetzt aber durch eine Mauer gesperrt ist, getrennt sind. Es hat offenbar eine Bedeutung gehabt zur Zeit, als das jetzige Ostgebäude der Casa de las Monjas noch nicht errichtet war. Der Bau enthält vier große Hallen, die nach Osten geöffnet waren. Der senkrechte Teil der Wand hat eine Höhe von 2.40 m. Er ist, wie die Gewölbe, mit regelmäßig zubehauenen Quadern verkleidet. Die Gewölbe haben sanft gebogene Seiten. Auf ihnen sind drei Reihen von je vier Pfahllöchern zu sehen (Abb. 104b). Das Quergewölbe entbehrt, wie alle Durchganggewölbe, der Pfahllöcher. Der Zugang von den vorderen zu den hinteren Hallen wird durch eine Tür vermittelt, deren hölzerne Oberschwelle in dem südlichen der beiden Doppelgewölbe noch an ihrer Stelle sich befindet. Der Aufbau der Außenfront (Abb. 104c) ist der gleiche wie bei dem südlichen Langgebäude.

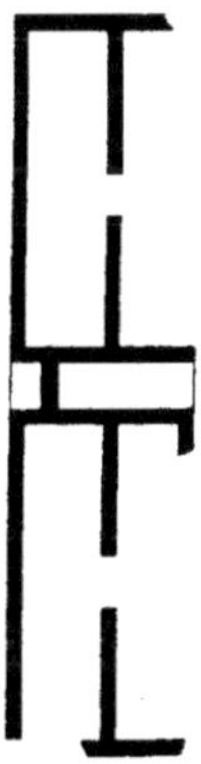

Abb. 104a. Uxmal. Das nördliche Langgebäude an der Hinterseite des Ostgebäudes der Casa de las Monjas. Grundriß.

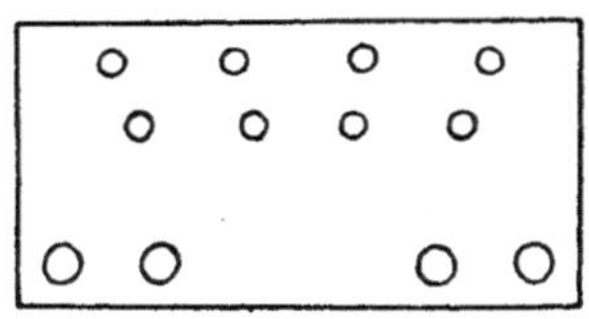

Abb. 104b. Uxmal. Nördliches Langgebäude an der Hinterseite des Ostgebäudes der Casa de las Monjas. Pfahllöcher.

Abb. 104c. Uxmal. Nördliches Langgebäude an der Hinterseite des Ostgebäudes der Casa de las Monjas. Aufbau der Außenfront.

X. Ballspielplatz — Tlachco (Juego de Pelota).

Geht man von dem Torwege, der das Südgebäude der Casa de las Monjas in der Mitte teilt, und der den Zugang zu dem auf den vier Seiten von stolzen Gebäuden umgebenen Hofe der Casa de las Monjas bildet, geradaus, d. h. nach Süden, so trifft man, etwa halbwegs, ehe man an den Fuß der hohen und steilen Terrasse gelangt, auf der die Casa de las Tortugas und weiterhin die Terrasse der Casa del Gobernador sich erhebt, zwei parallel zueinander gelegene wallartige Gebäude, die eine Länge von 39 m, eine Breite von etwas über 3 m haben und $21^1/_3$ m voneinander entfernt sind. Diese Wälle, die auf den vier Seiten mit Steinplatten verkleidet sind, im Innern aus einer zusammenhängenden Masse von Bruchsteinen bestehen, ohne jegliche Höhlung als Innenraum, stellen die hohen seitlichen Begrenzungen eines Ballspielplatzes dar, dessen T-förmig erweiterte, dem Norden und dem Süden zugekehrte Enden nur von einer niedrigen Mauer umgeben waren, deren Verlauf sich aber jetzt kaum mehr feststellen läßt. Die ganze Innenseite der Seitenwälle war mit Skulpturen bedeckt. Stephens sah auf ihnen noch die Reste zweier kolossaler miteinander verschlungener Schlangen, die an dem ganzen Walle entlang liefen. Heute liegen nur noch Bruchstücke dieser Schlangenleiber an dem Innenfuße des östlichen der beiden Wälle, die den oben S. 49 in Abb. 38 wiedergegebenen Bruchstücken von der Hauptfassade des Westgebäudes der Casa de las Monjas gleichen. Aber in der Mitte der Innenwand sowohl des östlichen wie des westlichen Walls war mit einem Zapfen ein großer Steinring befestigt, der *Tlachtemalacatl*, der »am Ballspielplatze (befestigte) steinerne Spinnwirtel«, wie ihn die Mexikaner nannten, durch den den Ball zu treiben als Hauptwurf und als schier unheimlicher Glücksfall galt, der vermuten ließ, daß der glückliche Spieler ein Bösewicht und mit dem Bösen im Bunde war. Diese Steinringe sind leider zerbrochen. Das dem Zapfen benachbarte Stück ist bei beiden noch an Ort und Stelle in der Seitenwand befestigt vorhanden (vgl. Taf. XXII). Ein Kreis von Hieroglyphen umgibt auf beiden Seiten den Rand der Ringöffnung, unter denen bei beiden auf der dem Norden zugekehrten Seite das Datum 16. *pop* noch zu erkennen ist. Die fehlenden Stücke sind offenbar durch rohe Gewalt abgebrochen und — vielleicht aus religiösen Gründen, um das heidnische Ärgernis den Augen der doch jedenfalls nur oberflächlich bekehrten Indianer zu entziehen — fortgeschleppt worden. Stephens und seine Begleiter konnten in dem Schutte am Fuße der beiden Wälle keine Spur mehr von ihnen finden.

XI. Haus des Ortsherren — Casa del Gobernador.

Kann die Casa del Adivino mit einem gewissen Rechte als das stolzeste der Gebäude von *Uxmal* bezeichnet werden, imponierend durch ihre Höhe, das Übereinandersteigen der verschiedenen der Westseite zugekehrten Fassaden und den reichen Schmuck, den die einzelnen Fassaden aufweisen, so ist die sogenannte Casa del Gobernador unstreitig der vollendetste und zugleich reichste Bau, der hier geschaffen worden ist. Und die Volkstradition hat ihn deshalb auch als das Haus des Gouverneurs, d. h. den Palast des Ortsherren bezeichnet. Das Haus liegt im Süden von der Casa de las Monjas und weicht in seiner Orientierung stark von der Normalen ab. (Vgl. den der Anfangsseite dieses Aufsatzes gegenübergestellten Plan.) Die Vermutung liegt daher nahe, daß ein natürlicher Hügel benutzt worden ist, der nur durch Auf- und Anbau regelmäßig gestaltet worden ist. Das Fundament für das Gebäude bilden jetzt drei Terrassen, die übereinander aufsteigen und von der Südostseite zu erreichen sind, der Richtung, der das Haus seine Front zukehrt. Die unterste bildet nur einen schmalen Untersatz von 0.9 m Höhe. Über ihm erhebt sich die zweite (die erste eigentliche Terrasse), die eine Höhe von 6 m hat und von senkrechten Wänden begrenzt ist. Nur an der Seite, die dem Südende des Gipfelgebäudes entspricht, führt eine geneigte Ebene auf die Höhe dieser Terrasse. An dem südlichen Teile der Ostseite dieser Terrasse fand Stephens[1] noch eine Doppelreihe runder Pfeiler von 1 m Höhe und $^1/_2$ m Dicke, die sich vielleicht noch weiterhin um den Rand der Terrasse gezogen haben. Die Terrasse entspricht dem Hofe der andern Bauten, da sie in der Mitte ihrer Fläche den sogenannten »picote« enthält, einen $2^1/_2$ m hohen Steinzylinder von $1^1/_2$ m Durchmesser, der nur grob bearbeitet ist und sich innerhalb eines aus zwei Schichten bestehenden Steinvierecks erhob. Diese zweite Terrasse hat eine Breite von 166 m und eine Tiefe von 106 m. Der picote liegt 24 m von dem Fuße der Treppe entfernt, die von dieser zweiten Terrasse auf die Höhe der dritten Terrasse, die

[1] Incidents of Travel in Central America, Chiapas and Yucatan. New York 1842, Vol. II p. 428.

das Gipfelgebäude trägt, emporführt (vgl. Taf. XXIII, 1). Noch 18 m von dem Picote weiter nach Osten, also ziemlich die Mitte der Tiefe des Hofes einnehmend, wurde von Stephens und seinen Begleitern ein kleiner, etwa 2 m hoher Hügel angetroffen, den Stephens auf Anraten des Paters Carrillo, des Pfarrers von *Ticul*, öffnete. Er bestand ganz aus Steinen und Erde. Aber in einer Tiefe von etwas über 1 m fand man die Steinfigur, die jetzt in dem Wirtschaftsgebäude der Hacienda *Uxmal* an der rechten Seite der Treppe, die zu den Wohnräumen des ersten Stockes führt, eingemauert ist und die ich schon einmal erwähnt und oben S. 75, Abb. 70 wiedergegeben habe. Sie stellt eine doppelte Puma- oder Jaguarfigur, oder genauer zwei mit ihren Hinterteilen verwachsene Puma- oder Jaguarfiguren vor, genau der gleichen Art und Bildung, wie die Figur, die man über der Mitteltür der Hauptfront (Hoffront) des Nordgebäudes der Casa de las Monjas, vor der Türöffnung des Hauses, das an jener Stelle den Friesschmuck bildet, eingefügt sieht und auch in den Maßen jener Figur gleichend. Ich habe es daher nicht für unmöglich erachtet, daß auch diese vergraben gefundene Figur von der genannten Fassade der Casa de las Monjas stammt.

Die Schwänze der beiden zu einer Doppelfigur vereinigten Puma oder Jaguare reichen von unten herauf und verschlingen sich in der Mitte des Rückens, dort eine napfförmige Vertiefung schaffend. Diese eigenartige Bildung und der Umstand, daß solche Figuren vor der Tür eines Hauses angebracht sind, läßt mich vermuten, daß diese Doppelfiguren den sogenannten *Chac-mool* (Le Plongeon'scher Namengebung) von *Chich'en Itzá* entsprechen, halb liegenden menschlichen Figuren, die mit beiden Händen eine flache, napfförmige Schale vor der Mitte des Leibes halten. Man hat diese Figuren in *Chich'en Itzá* an verschiedenen Stellen in dem Türeingange zu der Vorhalle von Tempeln angetroffen, und sie werden vermutlich zu Trankopfern gedient haben. Die Vermutung, daß die beschriebenen doppelten Puma- oder Jaguarfiguren den *Chac-mool* entsprechen und gleichen Zwecken dienten, liegt um so näher, als in einem Gebäude von *Chich'en Itzá* selbst, in dem durch seine Skulpturen berühmten Saale *E* am Ballspielplatze, die *Chac-mool*-Figur durch einen Puma oder Jaguar ersetzt ist, der allerdings die gleiche charakteristische Kopfhaltung zeigt, das Gesicht dem nahenden Besucher zugekehrt, wie der echte *Chac-mool*. Den doppelten Puma- oder Jaguarfiguren von *Uxmal* fehlt diese Kopfhaltung, da, der Symmetrie halber, nur der eine Kopf nach außen, der andere nach innen schauen mußte. Trotz dieser Abweichung scheint mir im übrigen doch die Homologie vollständig. Und da ist es denn doch sehr merkwürdig, daß auch die eine *Chac-mool*-Figur, die, die Le Plongeon ausgegraben hat, und die sich jetzt im Nationalmuseum von Mexico befindet, aus der Tiefe eines Hügels, wo sie vergraben lag, ans Tageslicht gefördert wurde. Ich habe über diesen Fall und verwandte andere in meinem Aufsatze über die Ruinen von *Chich'en Itzá* eingehender gesprochen[1]. Es unterliegt wohl keinem Zweifel, daß wir dieses Vergraben in die Fundamente als eine Weihung des Gebäudes oder der ganzen Anlage oder als Schutzmaßregel gegen die Angriffe böser Geiser anzusehen haben.

Nahe dem Ostrande der Terrasse, wo Stephens und seine Begleiter die doppelte Puma- oder Jaguarfigur fanden, scheint sich noch ein zweiter Bau befunden zu haben, der vielleicht ähnlichen Zwecken gedient hat. Stephens beschreibt ihn als einen quadratischen Bau von 6 m Seitenlänge und $1^3/_4$ m Höhe. Er grub den Hügel auf und fand darin zwei Steinköpfe, die Stephens als Porträtköpfe aufzufassen geneigt ist (?).

Am andern, westlichen Rande der beschriebenen Terrasse erhebt sich dann mit senkrechtem Absturze die oberste der drei Terrassen, die, die das Gipfelgebäude, die eigentliche Casa del Gobernador, trägt. Die Terrasse ist, wie das Haus, das auf ihm steht, lang und schmal. Der Ost- und der Westrand haben eine Länge von 109 m, der Nord- und Südrand nur 9 m. Die Terrasse ist 6 m hoch, und eine 40 m breite Treppe von 35 Stufen führt von der nächstuntern Terrasse zu ihm empor. Auf der andern, der westlichen Seite, fällt die Terrasse wieder steil zu der nächstuntern ab, die über den Westfuß der Gipfelterrasse sich noch 26 m weiter nach Westen fortsetzt und am nordwestlichen Ende noch ein ebenfalls 26 m nach Westen sich erstreckendes Risalit besitzt, daß das »Schildkrötenhaus«, die Casa de las Tortugas, trägt. Das Südende dieses Risalits ist winklig ausgeschnitten. Dieser Raum ist für die beiden hart an die Terrasse gebauten alten Häuser ausgespart, die ich oben S. 16—19 besprochen, und deren Einzelheiten ich in den Abbildungen 4—6 wiedergegeben habe.

Das Gipfelgebäude, die Casa del Gobernador (Taf. XXIII), die die oberste Terrasse krönt, erhebt sich über diese noch etwa einen Meter.

---

[1] Vgl. meine »Gesammelten Abhandlungen zur amerikanischen Sprach- und Altertumskunde« Band V, Berlin 1915, S. 358 und S. 369 ff.

Abb. 105a. Uxmal. Casa del Gobernador. Grundriß.

Fünf breite Stufen führen an der Ostseite von dieser obersten Terrasse zu den Eingangstüren. Wie der Grundriß (Abb. 105a) zeigt, besteht das Gebäude aus einem Mittelbau und zwei Endflügeln. Die Gewölbe des Mittelbaus (Zimmer *D—H*) sind nordsüdlich orientiert. Es ist ein Doppelgewölbe, durch durchgehende Mauern in fünf Doppelzimmer geteilt, deren Türen sich nach Osten öffnen. Das Mittelzimmer (*F*) (Taf. XXIV) hat die doppelte Länge der andern, und die Vorderwand seines Vorderzimmers öffnet sich mit drei Türen nach außen. Die Vorderwand ist 0.96 m, die Mittelwand 1.12 m, die geschlossene Hinterwand gegen 3 m stark. Der senkrechte Wandteil, bis zur Gewölbunterkante, hat eine Höhe von 3.02 m. Der Fuß-

A *B*

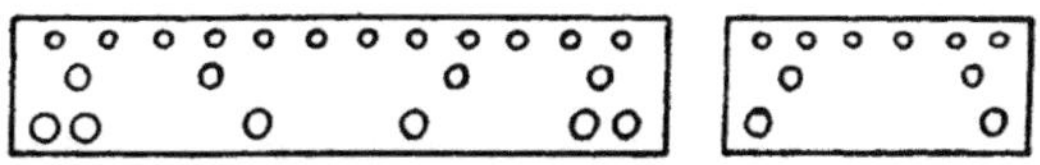

Abb. 105b. *Uxmal.* Casa del Gobernador. Pfahllöcher in den Seiten der Gewölbe.
A die großen Mittelzimmer des Mittelgebäudes,
B die kleinen Seitenzimmer der Flügel des Mittelgebäudes und die nach Osten sich öffnenden der Flügelgebäude.

boden der Hinterzimmer liegt 0.20 m höher als der der Vorderzimmer. Die Gewölbe sind hoch, von geraden Seiten begrenzt (vgl. den senkrechten Durchschnitt oben S. 9 Abb. 1B), die Gewölbunterkante ist überall auch an den Giebelseiten herumgeführt. Die Pfahllöcher sind in drei Reihen angeordnet (Abb. 105b). Die untere Reihe, nahe der Gewölbunterkante, zählt in den großen Mittelzimmern sechs Löcher, je ein Paar an den beiden Enden, und dazwischen noch zwei Löcher; in den kleineren Gemächern nur je eines an jedem Ende. Die mittlere Reihe besteht in den großen Zimmern aus vier, in den kleineren aus zwei Löchern. Die oberste Reihe, nahe der obern Gewölbkante, zählt in den Mittelzimmern zwölf, in den kleineren Zimmern sechs Löcher. In den Löchern nisten die Motmot (*Momotus* sp.), jene merkwürdigen, prächtig blau gefärbten, den Königfischern und Bienenfressern verwandten

Vögel, die den sonderbaren Trieb haben, an den beiden Mittelfedern des Schwanzes, kurz vor dem Ende, die Federn bis auf den dünnen Schaft sich abzunagen. Ihr tiefes *ā̄ō ā̄ō* und das lärmende *uóuá uóuá* tönt aus dem Gemäuer um die Wette mit dem zwitschernden *dái dátti, dái dátti* der Mauerschwalben, während draußen die großen blauen Vögel, in Scharen auf den Bäumen sich bewegend, jede neue Erscheinung mit einem lärmenden *paraguí, paraguá, paraguá* begleiten.

Mit diesem Mittelbaue sind die Endflügel durch ein ostwestlich orientiertes Gewölbe verbunden, das tief, bis zu 0.80 m vom Boden herabgeht (vgl. unten S. 145, Abb. 123), und ursprünglich ein Durchgangzimmer war, daher auch der Pfahllöcher entbehrt. Nachträglich ist dieses Durchganggewölbe aber in der Mitte durch eine Wand in zwei Zimmer geteilt worden, und diese Zimmer auch vorn bis zu halber Höhe durch eine mit einer Türöffnung versehene Wand geschlossen worden (vgl. unten S. 145, Abb. 123).

Abb. 106. *Uxmal.* Casa del Gobernador. Türpfosten.

Die Flügelgebäude des Süd- und des Nordendes bestehen jederseits zunächst aus einem Doppelzimmer (*C* und *J*), dessen Gewölbe nordsüdlich orientiert sind, und das nach Osten sich öffnet, an dem eigentlichen Ende aber an der Ostseite aus einem nordsüdlich orientierten einfachen Zimmer (*B* und *K*) und an der Westseite einem Doppelzimmer (*A* und *L*), dessen Gewölbe ostwestlich orientiert sind und das nach den Enden, nach Süden, bzw. nach Norden, sich öffnet (vgl. den Plan Abb. 105a).

Die Türen waren überall, an dem Mittelbaue wie an den Endflügeln, durch Balken aus Zapote- oder Cedrelaholz gebildet gewesen, die Pfosten sind aber nur an dem einen Zimmer *C*, dem Doppelzimmer des südlichen Endflügels, noch an Ort und Stelle. Die Bildung ist die übliche, die wir schon in der Casa de las Monjas und anderwärts angetroffen haben, d. h. zwei Balken über der eigentlichen Türöffnung und ein längerer Balken, vorn eine Balkenlage höher, über der äußern Türumrahmung (Abb. 106). In dem Zimmer (*A*), das nach der südlichen Schmalseite sich öffnet, fand Stephens[1] einen dieser Türbalken, auf dessen Oberfläche eine Reihe von Hieroglyphen von Maya-Charakter eingegraben war. Er war 3 m lang und offenbar von

[1] Incidents of Travel in Central America, Chiapas and Jucatan, New York 1842, Vol. II, p. 432, 433 und Incidents of Travel in Jucatan, New York 1843, Vol. I, p. 178, 179.

einer der Türen heruntergefallen, und aus irgendeinem Grunde in diese dunkle Ecke geschleppt worden. Stephens hat diesen Balken mit nach den Vereinigten Staaten genommen, und er ist dort mit seiner ganzen Sammlung in der von Catherwood veranstalteten Ausstellung verbrannt. Außer den Türen sind an der Außenwand der Vorderzimmer, am obern Rande der zweiten Quadersteinreihe unter der Gewölbunterkante, unregelmäßig verteilt, viereckige Luftlöcher in die Wand gemeißelt. Zu beiden Seiten der Türe sind in verschiedenen Zimmern Ringsteine für die Schnur eines Türvorhangs noch an ihrer Stelle.

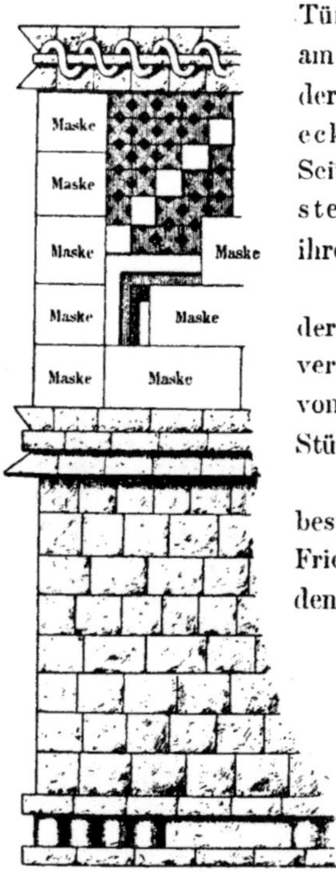

Abb. 107. *Uxmal*. Casa del Gobernador. Aufbau der Außenfront.

An der Außenfront ist ein Untersatz festzustellen, der aus zwei senkrechten Steinreihen besteht, die ein vertieftes Band in sich schließen, in dem Gruppen von kurzen Halbsäulchen mit ebenso breiten, glatten Stücken wechseln (Abb. 107).

Darüber folgt eine aus acht Quadersteinreihen bestehende, 2.63 m hohe glatte Wandfläche und das Friesuntergesims, das die gewöhnliche Form hat. An den Ecken der drei Einzelbauten, die durch die beiden ostwestlichen Durchganggewölbe verbunden sind, springt aus der senkrechten Steinreihe, die das mittlere Glied des Friesuntergesimses oder Gurtgesimses bildet, ein voll ausgearbeiteter Schlangenkopf diagonal heraus (Abb. 108—110). Das Friesobergesims besteht aus fünf Gliedern: einer schräg vorkragenden Steinreihe, einer senkrechten Steinreihe, die aber hier als Wellenstab, eine Art fortlaufenden Äskulapstabes, ausgebildet ist, und wahrscheinlich drei oben in entgegengesetztem Sinne schräg vorkragenden Steinreihen (Abb. 107 und Taf. XXV).

Die Dekoration des Frieses wird durch die Form des Gebäudes bedingt, indem die beiden Endflügel, der Mittelbau mit seinen großen Mittelzimmern und den Zimmerpaaren, die zu deren Seiten liegen, endlich die Zwickel, die jederseits zwischen dem ostwestlichen Durchganggewölbe und den Schmalseiten der drei Gebäude liegen, besondere Einheiten für die Verzierung bilden.

Abb. 108—110. *Uxmal.* Casa del Gobernador. Schlangenköpfe an den Ecken des Mittelbaus und der Flügelgebäude, dem mittleren Gliede des Friesuntergesimses diagonal aufsitzend.

Die Ecken der drei Gebäude sind überall durch Säulen von fünf übereinandergebauten großen Masken bezeichnet (s. Taf. XXV, 2 und Taf. XXVI). Gleiche Säulen scheiden die Friesflächen sowohl der Schmalseiten, die das Nord- und das Südende des Gebäudekomplexes bilden, wie die der Hinterfronten der drei Gebäude in je zwei gleiche Hälften. Der Fries der Vorderfront der Ostseiten der drei Gebäude dagegen zeigt eine andere und sehr eigenartige Art der Maskenverteilung.

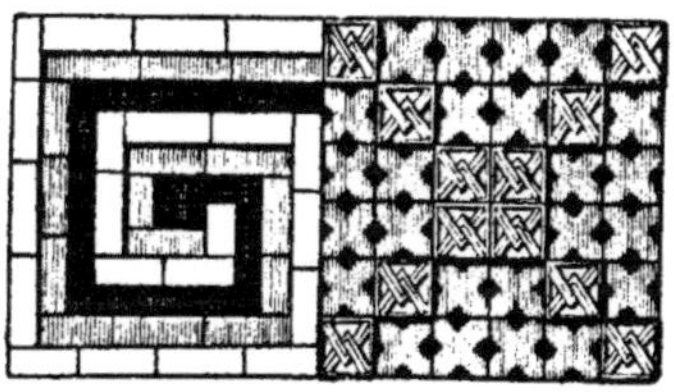

Abb. 111. *Uxmal.* Casa del Gobernador. Elemente der Friesverzierung der nach Süden und Norden gewandten Schmalseiten der Flügelgebäude.

An den Schmalseiten ist zwischen den Eckmasken und denen, die die Mitte der Friesfläche einnehmen, jede der beiden Frieshälften in sechs Quadranten geteilt. Fünf davon sind von einem Mäanderwickel eingenommen, der sechste ist mit einem Rautengitter (Abb. 111) ausgefüllt, wie das das folgende Schema 1 zeigt:

Schema 1.

Uhrzeigerdrehung-Mäanderwickel	Uhrzeigerdrehung-Mäanderwickel	entgegengedrehter Mäanderwickel
entgegengedrehter Mäanderwickel	Rautengitter	Uhrzeigerdrehung-Mäanderwickel

Die Wickel, die in der unteren Reihe den Rautengitterquadranten einfassen, sind in verschiedenem Sinne gedreht. Und ebenso haben die beiden Endquadranten der oberen Reihe einen andern Drehungssinn als die anstoßenden an den Enden der untern Reihe. Der Wickel des unpaaren mittleren Quadranten der obern Reihe muß natürlich den Drehungssinn eines seiner beiden Nachbarn haben. Es ist dies am Südende des Gebäudekomplexes der Nachbar zur Rechten, d. h. der Wickel links vom Beschauer. Über der Rautengitterfüllung des mittleren Quadranten der untern Reihe erheben sich noch zwei Reihen von je sechs Quadratsteinen, die diagonal sich kreuzen. Diese Steine treten stark hervor, und sind jeder noch mit einer besonderen, durch Verschlingung zweier Wickel gebildeten, Verzierung versehen (Abb. 111, 112). Mein Freund, Herr Wilhelm von den Steinen hat mich zuerst darauf aufmerksam gemacht, daß diese bis zu der Höhe der äußern Umrandung der Wickel sich erhebenden Quadratsteine offenbar den Mäanderwickel zu einem Stufenmäander ergänzen sollen (vgl. Abb. 111). Dadurch, daß mit diesen über die Friesfläche erhöhten Steinen nur die äußere Begrenzung der Treppe angegeben ist, ist es möglich geworden, zwei vollständige Stufenmäander in dem Raume von drei Friesquadranten unterzubringen. In dem mittleren Quadranten müssen sich dabei natürlich die äußern Begrenzungen der Treppe des Mäanders als diagonale Linien schneiden.

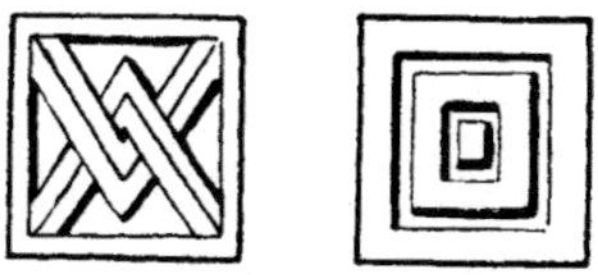

a b

Abb. 112. *Uxmal.* Casa del Gobernador. Quadratsteine auf dem Rautengitter des Frieses der Hinterseite.

Die Friesflächen der Hinterseiten der beiden Flügelgebäude, die das Nord- und das Südende des Gebäudekomplexes bilden, sind, wie ich oben angab, in der Mitte ebenfalls durch eine Maskensäule in zwei Hälften geschieden. Jede der beiden Hälften ist in acht Quadranten geteilt nach den folgenden Schematen 2 a und 2 b, die in ganz gleicher Weise sowohl für die Hinterseite des Nordgebäudes, wie für die des Südgebäudes, gelten:

Schema 2.

a

Uhrzeiger-drehung-Mäander-wickel	entgegen-gedrehter Mäander-wickel	Rauten-gitter	Uhrzeiger-drehung-Mäander-wickel
entgegen-gedrehter Mäander-wickel	Rauten-gitter	Uhrzeiger-drehung-Mäander-wickel	entgegen-gedrehter Mäander-wickel

b

entgegen-gedrehter Mäander-wickel	Rauten-gitter	Uhrzeiger-drehung-Mäander-wickel	entgegen-gedrehter Mäander-wickel
Uhrzeiger-drehung-Mäander-wickel	entgegen-gedrehter Mäander-wickel	Rauten-gitter	Uhrzeiger-drehung-Mäander-wickel

Man sieht, daß die beiden Hälften sich streng symmetrisch zueinander verhalten, und daß bei der Verteilung der Mäanderwickel und der Rautengitterquadranten die benachbarten Wickel immer in verschiedenem Sinne gedreht sind. Die Art der Verzierung ist im übrigen die gleiche wie auf den Schmalseiten des Gebäudekomplexes (Abb. 111). Auch hier sind die Rautengitterquadranten von zwei diagonal sich kreuzenden Reihen über die Friesfläche erhöhter Quadratsteine durchzogen, die die benachbarten Wickel zu Stufenmäandern ergänzen. Das Muster auf diesen Steinen ist allerdings nur in einigen der Quadranten das gleiche wie in den Quadranten der Schmalseiten. In der Mehrzahl der Quadranten der Hinterseite haben die Steine ein anderes, einfacheres Muster (vgl. Abb. 112 b).

In dem Mittel- und Hauptgebäude ist sowohl an der Vorder- wie an der Rückseite, von der Mitte aus nach Norden, ein großes Stück der Fassade abgestürzt (s. Taf. XXIII, 1 und 2). So läßt sich die Verteilung der Quadranten der Friesfläche der Hinterseite hier nicht genau verfolgen. Sicher ist, daß auf der Hinterseite des Mittel- und Hauptgebäudes die ganze zwischen den Eckmaskensäulen sich ausbreitende Friesfläche durch drei Maskensäulen gleicher Art in vier Abschnitte geteilt war, die jeder in sechzehn Quadranten zerfielen. Ich gebe in dem Folgenden, von Norden nach Süden fortschreitend, die Schemata der vier Abschnitte wieder, die Quadranten der abgestürzten Teile unausgefüllt lassend:

Schema 3.

a

Uhrzeiger-drehung-Mäander-wickel	Uhrzeiger-drehung-Mäander-wickel	entgegen-gedrehter Mäander-wickel	Rauten-gitter	Uhrzeiger-drehung-Mäander-wickel	entgegen-gedrehter Mäander-wickel		
entgegen-gedrehter Mäander-wickel	Rauten-gitter	Uhrzeiger-drehung-Mäander-wickel	entgegen-gedrehter Mäander-wickel	Rauten-gitter	Uhrzeiger-drehung-Mäander-wickel		

b

e

							Uhrzeigerdrehung-Mäanderwickel
							entgegengedrehter Mäanderwickel

d

entgegengedrehter Mäanderwickel	Rautengitter	Uhrzeigerdrehung-Mäanderwickel	entgegengedrehter Mäanderwickel	Rautengitter	Uhrzeigerdrehung-Mäanderwickel	Rautengitter	Uhrzeigerdrehung-Mäanderwickel
Uhrzeigerdrehung-Mäanderwickel	entgegengedrehter Mäanderwickel	Rautengitter	Uhrzeigerdrehung-Mäanderwickel	entgegengedrehter Mäanderwickel	Rautengitter	Uhrzeigerdrehung-Mäanderwickel	entgegengedrehter Mäanderwickel

Hier ist, wie man sieht, die symmetrische Anordnung nicht so streng innegehalten wie in dem nördlichen und südlichen Flügelgebäude. Der Abschnitt *a* schließt links an das rechte Ende des Abschnitts *b* des Schemas 2, von ihm durch die Nische des Durchganggewölbes getrennt. Der Abschnitt *d* schließt rechts an das linke Ende des Abschnitts *a* des dem Schema 2 entsprechenden Frieses der Hinterseite des südlichen Flügelgebäudes an, von ihm ebenfalls durch die Nische des Durchganggewölbes getrennt. Hier fehlt in dem letzteren Falle, bei dem Anschlusse an das südliche Flügelgebäude, die Polarisierung der Wickel. Und innerhalb der einzelnen Abschnitte des Schemas 3 zeigt Abschnitt *a* an dem linken, Abschnitt *d* an dem rechten Ende dieselbe Unregelmäßigkeit gleichen Drehungssinnes zweier benachbarter Wickel. Die Art der Verzierung ist im übrigen durchaus gleich der der Schmalseiten und der Hinterseiten der Flügelgebäude.

An der Vorder- und Hauptfront der drei Gebäude, der Ostseite des Gebäudekomplexes, liegt der Verzierung der Friesfläche offenbar auch der Wechsel von Mäanderwickeln und Rautengitterquadranten zugrunde, und auch hier werden die Rautengitterquadranten diagonal von Reihen über der Friesfläche erhöhter Quadratsteine durchzogen, die die Wickel zu Stufenmäandern ergänzen oder ergänzen sollten. Aber das ordnungsmäßige Verhalten dieser beiden Elemente zueinander wurde in erster Linie dadurch arg gestört, daß diese beiden Elemente ihren Platz sich erringen mußten gegenüber einer profusen Verschwendung ganz abweichend geordneter Masken, und ferner, daß ein Teil der Quadranten geradezu vernichtet wurde, indem nachträglich, wie an den Fassaden des West- und des Nordgebäudes der Casa de las Monjas, Vollfiguren von ansehnlichen Maaßen in die fertige Verzierung der Friesfläche eingefügt wurden, — mit dem Unterschiede nur, daß hier diese aus der Wand vorspringenden Figuren nicht in so unregelmäßiger und willkürlicher Weise wie dort in die Fassade gesetzt waren, sondern daß für sie durch die vorhergegangene Verteilung der Masken auf der Friesfläche Räume gewissermaßen herausgeschnitten wurden, die eine Verzierung ihrer Mitte geradezu verlangten.

Der Fries an der Ostfassade des nördlichen und südlichen Flügelgebäudes scheint ursprünglich so gedacht gewesen zu sein, wie es das folgende Schema 4 angibt — wobei in der Mitte eine Maskensäule anzunehmen wäre und links und rechts natürlich die Eckmaskensäulen, zwischen denen die Friesfläche sich ausdehnt:

Schema 4.

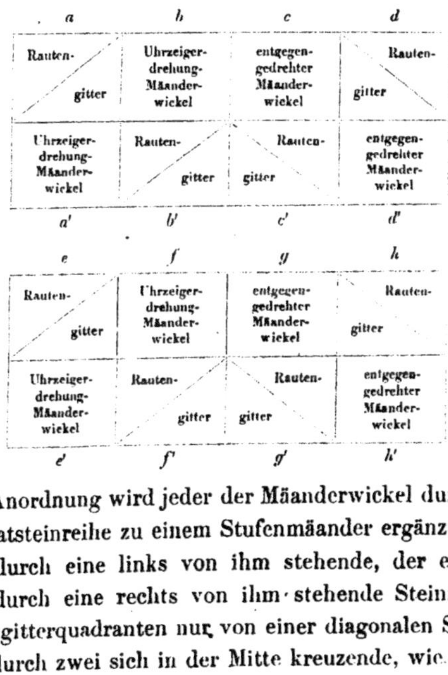

Bei dieser Anordnung wird jeder der Mäanderwickel durch eine einzelne diagonale Quadratsteinreihe zu einem Stufenmäander ergänzt, der Uhrzeigermäanderwickel durch eine links von ihm stehende, der entgegengedrehte Mäanderwickel durch eine rechts von ihm stehende Steinreihe, und es ist jeder der Rautengitterquadranten nur von einer diagonalen Steinreihe durchzogen — nicht durch zwei sich in der Mitte kreuzende, wie auf den Schmalseiten und den Hinterseiten des Gebäudekomplexes. Diese Anordnung des

Schemas 4, die im übrigen streng symmetrisch ist, setzt aber voraus, daß die Mäanderwickel der unteren Reihe verkehrt zu denen der oberen Reihe stehen. Das ist (vgl. Abb. 113) tatsächlich der Fall.

Dieses Bild des Schemas 4 würden wir haben, wenn die Anbringung von Masken, abgesehen von den Ecksäulen, sich auf eine Säule in der Mitte des Frieses beschränkte, wie auf den Friesflächen der Schmalseiten und der Hinterseiten der Gebäude. Aus irgendwelchen Gründen hat man aber die Zahl der Masken ansehnlich vermehrt und ihnen die Anordnung gegeben, die aus der Abbildung 113 ersichtlich ist. An die untersten Masken der Ecksäulen sich anschließend, steigt von beiden Seiten je eine Reihe von fünf Masken schräg in die Höhe bis zum unteren Rande des Friesobergesimses, und der zwischen den Endgliedern dieser beiden Reihen übrigbleibende

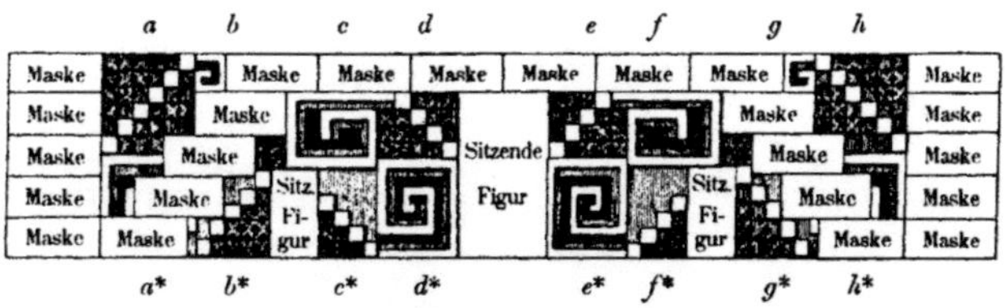

Abb. 113. *Uxmal.* Casa del Gobernador. Elemente der Friesverzierung auf der Vorderseite (Ostfront) der Flügelgebäude.

Raum wird durch vier weitere Masken gefüllt, die unter dem unteren Rande des Friesobergesimses sich hinziehen. Diesem Eindringen der Masken in die Friesfläche mußten die Mäanderwickel- und Rautengitterquadranten weichen. Durch die unter dem Friesobergesimse sich hinziehende Maskenreihe wurden in Schema 4 die Quadranten *c*, *d*, *c**, *d** und *e*, *f*, *e**, *f** herabgedrückt, so daß namentlich die obere Reihe *c*, *d*, *e*, *f* an Höhe beträchtlich verlor. Siehe Abb. 113. Und durch die schräg aufsteigenden Maskensäulen wurden die Quadranten *a**, *b*, *h**, *g* zum größten Teile verdeckt. Von den Mäanderwickeln der Quadranten *a**, *h** sieht man neben der zweiten und dritten Maske der schräg aufsteigenden Säulen noch einige Reste. Die Mäanderwickel der Quadranten *b* und *g* aber sind nur markiert durch einen kleinen Uhrzeigerdrehung- bzw. entgegengedrehten Mäanderwickel, der neben der obersten Maske der schräg aufsteigenden Reihen noch eingeschaltet worden ist.

Eine andere Quadrantenverteilung liegt der Verzierung der Friesfläche an der Ostseite des breiten Mittelgebäudes zugrunde. Hier scheinen die

Mäanderwickelquadranten jeder Frieshälfte denselben Drehungssinn gehabt zu haben — in der Nordhälfte im Sinne des Uhrzeigers, in der Südhälfte entgegengesetzt —, und es scheint ein regelmäßiger Wechsel zwischen den Mäanderwickeln und den Rautengittern bestanden zu haben, so daß, wie auf der Ostseite der Flügelgebäude, nur eine einzige Reihe über die Friesfläche erhöhter Quadratsteine die Rautengitterquadranten diagonal durchzog, den benachbarten Wickel zu einem Stufenmäander ergänzend. Ich gebe in Schema 5 diese Verteilung für das südliche Ende der Südhälfte dieses Frieses, in Schema 5* die gleiche Verteilung für das nach der Mitte zu gelegene übrige Stück der Südhälfte wieder.

Schema 5.

a	*b*	*c*	*d*	*e*	*f*
Rautengitter	entgegengedrehter Mäanderwickel	Rautengitter	entgegengedrehter Mäanderwickel	Rautengitter	entgegengedrehter Mäanderwickel
entgegengedrehter Mäanderwickel	Rautengitter	entgegengedrehter Mäanderwickel	Rautengitter	entgegengedrehter Mäanderwickel	Rautengitter
*a**	*b**	*c**	*d**	*e**	*f**

Schema 5*.

g	*h*	*i*	*k*	*l*	*m*
entgegengedrehter Mäanderwickel	Rautengitter	entgegengedrehter Mäanderwickel	Rautengitter	entgegengedrehter Mäanderwickel	Rautengitter
Rautengitter	entgegengedrehter Mäanderwickel	Rautengitter	entgegengedrehter Mäanderwickel	Rautengitter	Uhrzeigerdrehung-Mäanderwickel
*g**	*h**	*i**	*k**	*l**	*m**

n	*o*	*p*	*q*	*r*	*s*
entgegengedrehter Mäanderwickel	Rautengitter	entgegengedrehter Mäanderwickel	Rautengitter	entgegengedrehter Mäanderwickel	Rautengitter
Rautengitter	entgegengedrehter Mäanderwickel	Rautengitter	entgegengedrehter Mäanderwickel	Rautengitter	entgegengedrehter Mäanderwickel
*n**	*o**	*p**	*q**	*r**	*s**

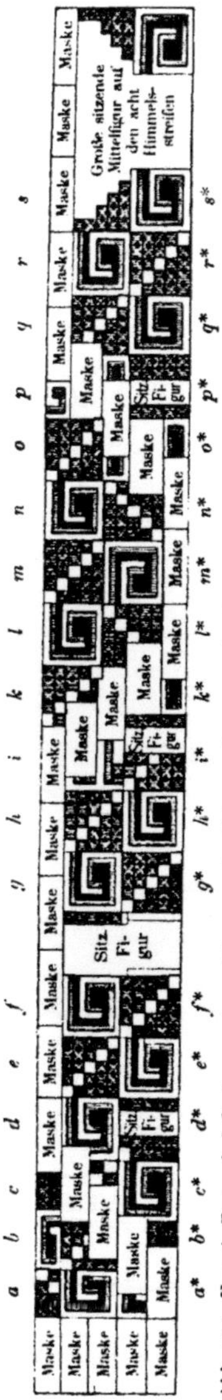

Abb. 114. *Uxmal.* Casa del Gobernador. Elemente der Friesverzierung an der Hauptfront (Ostfront) des südlichen Flügels des Mittelgebäudes.

Das Schema ist sehr einfach, und es liegt nur eine große Unregelmäßigkeit vor, in den Quadranten *l* m* n**, die einen andern Drehungssinn und infolgedessen auch eine andere Lage der diagonalen über die Friesfläche erhöhten Quadratsteinreihe aufweisen. Das hängt vielleicht mit der zentralen Stellung zusammen, die der Quadrant *m** in dem nach der Mitte zu gelegenen größeren Abschnitte der Südhälfte des Frieses des Mittelgebäudes einnimmt.

Die Invasion der Masken ist nun auf dieses Friesfeld in ähnlicher Weise erfolgt (vgl. Abb. 114), wie an den Ostfassaden des nördlichen und südlichen Flügelgebäudes. Unmittelbar anschließend einerseits an die unterste Maske der Ecksäule, die an der Seite links vom Beschauer das Friesstück begrenzt, anderseits an eine Maske, die unter dem eben erwähnten zentralgelegenen Quadranten *m** angebracht ist, steigen, nach oben konvergierend, zwei Reihen von je fünf Masken schräg in die Höhe, bis zum unteren Rande des Friesobergesimses. Der zwischen den Endgliedern dieser beiden Reihen noch verfügbare Raum ist genau wie auf den Ostfassaden der Flügelgebäude durch eine Querreihe von vier Masken gefüllt, die unter dem unteren Rande des Friesobergesimses hinzieht. Auf der anderen Seite, rechts vom Beschauer, zieht von der Maske unter dem Quadranten *m** eine ähnliche Reihe von fünf Masken nach rechts schräg in die Höhe bis zum unteren Rande des Friesobergesimses und findet ein Gegenstück jenseits der Mittelverzierung in einer von der entsprechenden Stelle der Nordhälfte des Frieses schräg nach links aufsteigenden Maskenreihe (in Abb. 114 nicht mehr wiedergegeben). Der verfügbare Raum zwischen den Endgliedern dieser beiden Reihen ist durch eine Querreihe von fünf Masken gefüllt. Die größere Zahl der Glieder dieser

Querreihe wird durch die größere Breite der Mittelverzierung bedingt, die diese Querreihe zu überbrücken hat.

Die Störungen und Beschränkungen, die die Quadranteneinteilung der Friesfläche durch die Einschaltung dieser Masken erfahren hat, sind ähnliche wie die, die wir auf dem Friese der Ostfassade der Flügelgebäude festzustellen hatten. Die Quadranten *d, e, f, d*, e*, f** und *g, h, i, g*, h*, i** sind herabgerückt und in ihrer Höhe vermindert. Desgleichen die Quadranten *q, r, s, q*, r*, s**. Die Quadranten *k, l, m, n, o, l*, m*, n** sind heraufgerückt und ebenfalls in ihrer Höhe vermindert. Und durch die schräg aufsteigenden Maskenreihen sind die Quadranten *a*, b, k*, i, o*, p* zum größten Teile verdeckt. An dem einen Ende der Friesfläche, in dem Quadranten *p*, ist der Mäanderwickel wieder durch einen in der linken oberen Ecke des Quadranten eingeschalteten Miniaturwickel markiert. Die auffälligste Störung aber ist dadurch erfolgt, daß das Heraufrücken der Quadrantengruppe *k, l, m, n, o*, im Vergleich zu der Gruppe *d, e, f* und ein zu Unrecht erfolgtes Herabrücken der Gruppe *a, b* in die Höhe der Quadranten *d, e, f* die Vorstellung erweckte, daß über *a, b, c* noch Quadranten einzuschalten wären, so daß wir jetzt an dem linken Ende der in Abb. 114 wiedergegebenen Friesfläche drei Quadranten übereinander aufgebaut finden.

Die in Säulen und in horizontalen und diagonalen Reihen angeordneten Masken sind an den Kanten und auf den Friesflächen sowohl der Vorder- wie der Hinterseite ziemlich gleichartig (vgl. Taf. XXV und XXVI) — ein Beweis mehr, daß hier die Maskenverzierung zugleich mit den Gebäuden entstand, und nicht, wie an der Südfassade, der Hauptfassade des Nordgebäudes der Casa de las Monjas, von zerstörten älteren Gebäuden zusammengelesen wurde.

Die Masken (vgl. Abb. 115) haben über der Stirn einen Kranz aus Federn oder Blättern, der in der Mitte durch eine Rosette blumenartiger Gestalt zusammengenommen ist. Die Augenbrauen sind einfacher Bildung, ähnlich denen z. B., die wir bei den unteren Masken der Maskensäulen des Frieses des Ostgebäudes der Casa de las Monjas angetroffen haben. Auf den Wangenstücken unter den Augen begegnet uns wieder die Hieroglyphe des Planeten Venus, wie auf den obersten Masken der Maskensäulen desselben Ostgebäudes der Casa de las Monjas, und wie wir sie auch auf der großen Riesenmaske des alten Gipfelgebäudes der Casa del Adivino zu beobachten hatten, nur daß diese Hieroglyphe dort auf den Augenbrauen und nicht auf den Wangenstücken ihre Stelle hatte. Der Mund hat in der Mitte einen unpaaren geraden Zahn, der aber wohl aus der Verschmelzung zweier Schneidezähne hervorgegangen ist. Die Seitenzähne sind stark gekrümmt. Die äußersten, den Mundwinkeln benachbarten, sich gabelnden Gebilde haben hier deutlicher das Ansehen eines sich gabelnden Hauzahnes, so daß man nicht gut an eine beiderseits aus dem Mundwinkel heraushängende Schlangenzunge denken kann. Die großen Rüssel sind nach unten gebogen und an den Seiten mit Scheiben verziert (Abb. 115b und Taf. XXVI). Über ihrer Wurzel ist das Bündel zu sehen, auf dessen Vorkom-

c a

Abb. 115. *Uxmal.* Casa del Gobernador. Eine der Masken des Frieses.
a. Maske. b. Rüssel.
c. Variante des Flachreliefs an den Außenseiten der Maske.

b

men in den Masken Abb. 89 und 92 ich oben S. 99 aufmerksam gemacht habe. Die großen viereckigen Ohrplatten haben, gleich den ohrmuschelartigen Gebilden über ihnen, einen verzierten Rand. Gleich den Masken des Ost-, West- und Nordgebäudes der Casa de las Monjas sind auch hier die Masken von Flachreliefen eingerahmt (Abb. 115a c), die eine sehr konventionelle, geradezu unverständlich gewordene Variante des nach außen geöffneten Schlangenrachens darstellen, den ich oben bei den verschiedenen Gebäuden der Casa de las Monjas beschrieben und abgebildet habe.

Die Vollfiguren, die in dem von Mäanderwickeln, Rautengitterquadranten und großen En-face Masken gebildeten Friese der Ostfassade der Casa del Gobernador eingesetzt waren, sind, wie ich oben schon sagte, ein nachträglich in die fertige Fassade eingebrachter Schmuck. Sie überhöhen nicht nur die übrigen Verzierungselemente, sondern greifen auch vielfach über sie hinüber. Ihre Verteilung ist aus den schematischen Abbildungen 113, 114 ersichtlich.

Die Hauptfigur nimmt die Mitte des Frieses des Mittelgebäudes ein. Es ist eine sitzende Figur, die über nach oben sich verbreiternden Streifen mit Schlangenköpfen an den beiden Enden angebracht ist (Taf. XXV, 1 und Taf. XXVIII). Ihre Stelle ist an dem rechten Ende (rechts vom Beschauer) von Abb. 114 angegeben. Außerdem hat noch jede der andern Verzierungsgruppen — die beiden Flügelgebäude sowohl, wie die Nord- und die Südhälfte des Mittelgebäudes — ihren Mittelpunkt in einer großen bis an die Masken des oberen Friesrandes reichenden sitzenden Figur. Und jede der großen sitzenden Figuren endlich ist beiderseits in einem gewissen Abstande von je einer kleinen Figur begleitet, die, dem untern Friesrande aufsitzend, bis zur halben Frieshöhe emporreicht.

Von den großen Mittelfiguren der seitlichen Flügelgruppen des Frieses des Mittelgebäudes sowie von denen, die die Mitte des Frieses der Flügelgebäude einnahmen, sind nur die Basis, einige traurige Reste des Rumpfes und der Federkopfschmuck noch erhalten (vgl. Taf. XXVII). Was die Figur zur Figur macht — Kopf, Hände, Füße —, ist offenbar dem blöden Dämonenglauben zum Opfer gefallen und absichtlich abgeschlagen worden.

Die Figuren sitzen mit untergeschlagenen Beinen auf einem polsterartigen zylindrischen Sitzgestelle, das an dem oberen Rande mit einer Schnur umzogen ist und auf dem Zylindermantel einige Zeichen zeigt, die astronomischer Natur sein könnten. Der Kopfputz bestand offenbar aus mächtigen, übereinandergebauten Tierrachen (Schlangenrachen?), — wie wir das ähnlich an den Stelen von *Copan*, der großen Figur auf der Cedrela-Holzplatte von *Tikal* und auf andern Monumenten sehen, — und einem Federschmucke, der bei der einen Figur, der in der Mitte der nördlichen Flügelgruppe des Mittelgebäudes, einfach zu den Seiten des gerade aufragenden hohen Kopfaufsatzes herunterfällt (Taf. XXVII, 2), bei der andern, der Figur in der Mitte der südlichen Flügelgruppe des Mittelgebäudes (Taf. XXVII, 1) in zwei Absätze sich gliedert, indem einmal von den Schmuckteilen über der Stirn nach rechts und links ein Federbusch herabfällt, der das Gesicht der Figur einrahmte, anderseits von der Spitze des Kopfaufsatzes im Bogen, ebenfalls nach links und rechts ein Federstrom sich ergießt. In regelmäßigen Abständen sind — Tafel XXVII, 2 besonders deutlich — auf den Federkopfschmucken in der Mittellinie große kreisrunde Löcher angebracht, in denen man mehrfach noch einen zylindrischen Kern aus Stein sieht. Es ist mir die Ansicht ausgesprochen worden, daß das Zapfen seien, die im voraus in der Wand angebracht worden seien, um die feineren Dekorationsstücke daran gewissermaßen aufzuhängen. Ich kann mich doch dieser Deutung nicht anschließen, denn die einzelnen Stücke, aus denen die Figur besteht, sind offenbar direkt in der Wand verzapft. Ich glaube eher, daß dort Nachahmungen von Schmuckscheiben, Hieroglyphen oder ähnliches angebracht waren.

Unter dem die Figur tragenden Sitzgestelle ist bei den Taf. XXVII wiedergegebenen Figuren auf der Wand des Frieses, mit dem unteren Rande dem oberen Rande des Friesuntergesimses aufsitzend, je ein schön gearbeitetes Flachrelief zu sehen, das das sattsam bekannte Motiv des geöffneten Schlangenrachens dem Beschauer vorführt (Abb. 116, 117). Aber während bei den Masken der Maskensäulen diese in Flachrelief ausgeführten Schlangenrachen die Masken an den Seiten einfaßten, ist hier der Schlangenrachen, als Träger der Götterfigur, naturgemäß nach oben geöffnet. Und so bekommen wir das in den mexikanischen Bilderschriften so überaus häufig wiederkehrende Bild des nach oben geöffneten zähnestarrenden Ungeheuerrachens, der den zur Aufnahme, zum Verschlingen des Lichts und des Lebenden sich öffnenden Erdrachen darstellt. Eine unmittelbarere Parallele liegt noch auf den Blättern 61, 62 und 69 der Dresdner Handschrift vor, wo wir über dem nach oben geöffneten Rachen von Schlangen auf den Blättern 61, 62 (Abb. 118) *Chac*, den Regengott des Ostens, ein Kaninchen, das Tier des Nordens, *Chac*, den Regengott des Westens, und das Wildschwein, das Tier des Südens, und auf Blatt 69 über dem geöffneten Rachen der schwarzen Schlange (Abb. 119) den schwarzen Regengott thronen sehen.

Abb. 116. *Uxmal.* Casa del Gobernador. Nach oben geöffneter Schlangenrachen. Flachrelief, Fußgestell für die Mittelfigur des Frieses der Ostfassade (Hauptfront) des südlichen Flügels des Mittelgebäudes.

Das eine dieser beiden Schlangenrachen-Reliefe der Casa del Gobernador von *Uxmal* hat in dem von Auguste Le Plongeon veröffentlichten photographischen Album die Gestalt, die ich in Abb. 117a wiedergegeben habe. D. h. in die Zerfaserungen des Schnauzenendes ist, verkehrt zu der Stellung des Schlangenrachens selbst, der, wie ich oben angab, und wie man an den Bildern sieht, nach oben geöffnet ist, ein Frauenantlitz hineingezeichnet, das in dem von Le Plongeon veröffentlichten

a

b

Abb. 117. *Uxmal.* Casa del Gobernador. Nach oben geöffneter Schlangenrachen. Flachrelief, Fußgestell für die Mittelfigur des Frieses der Ostfassade (Hauptfront) des nördlichen Flügels des Mittelgebäudes. a. Nach der Photographie Le Plongeon's. b. Nach Photographien und einer Zeichnung des Verfassers.

Buche »*Queen Moo* and the Egyptian Sphinx«[1] zu idealer Schönheit herausgearbeitet wiedergegeben und als Porträt der Königin *Móo* bezeichnet ist. Dieses Bild ist offenbar eine auf der photographischen Platte vorgenommene Retusche. Denn dieses Bild ist an sich ein Unding, und kein Mensch hat seitdem ein so gezeichnetes Bild von der Casa del Gobernador von *Uxmal* heimgebracht.

[1] New York 1900, published by the Author, Plate LXV, p. 166.

Von den Figuren selbst, die an den Taf. XXVII wiedergegebenen Stellen auf den polsterartigen Sitzgestellen mit untergeschlagenen Beinen saßen und den Raum unter dem großen Kopfaufsatze füllten, ist nur in der Mitte der südlichen Flügelgruppe des Mittelbaues (Taf. XXVII, 1) ein Torso erhalten, aus dem aber kaum etwas herauszulesen ist. Mönchischer Verfolgungseifer oder die abergläubische Furcht vor den »Dämonen«, d. h. vor allem aus der alten heidnischen Zeit stammenden figürlich Gestalteten, hat zur Zerstörung der vorspringenden und der besonderes Leben aufweisenden Teile geführt, des Kopfes mit den Augen, der Arme und der Beine. Nur der Rumpf ist (Taf. XXVII, 1) noch erhalten, und an dem können wir wenigstens als Trachteinzelheit den großen breiten, mit Mustern versehenen Gürtel erkennen, der den Leib nahezu in seiner ganzen unteren Hälfte umschließt.

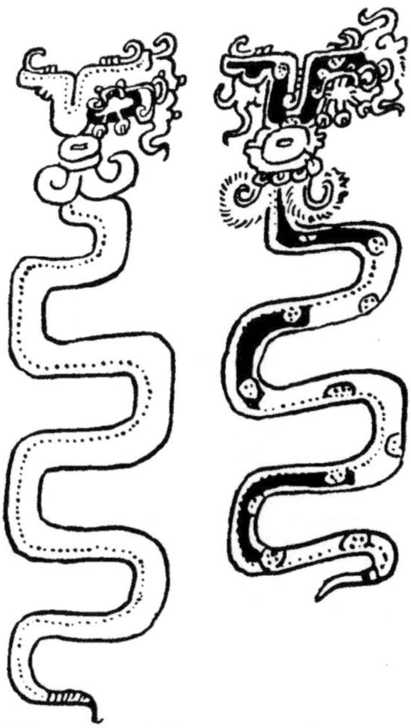

Abb. 118, 119. Schlangen mit nach oben geöffnetem Rachen (über dem Götter- oder Tierfiguren thronen). Dresdner Maya-Handschrift, Blatt 62 und 69.

Die Mittelfigur der mittleren Dekorationsgruppe des Frieses des Mittelgebäudes, die das Mittelstück der ganzen Fassade bildet (Taf. XXV, 1 und Taf. XXVIII), hebt sich von einer Unterlage von acht horizontalen Streifen ab, die jederseits in einen Schlangenkopf enden, wie die Gruppen, die auf dem Friese der Westfassade des Ostgebäudes der Casa de las Monjas (vgl. Taf. VIII) zwischen der das Mittelstück bildenden Maskensäule und denen, die die Kanten bedecken, angebracht sind. Nur ist hier, auf dem Friese der Casa del Gobernador, die Ordnung der nach oben sich verbreiternden, mit Schlangenköpfen an den beiden Enden besetzten, bis zum Friesobergesimse reichenden Streifen mit der Querreihe der Masken in Streit geraten, die an all den Fassadenstellen, wo eine große sitzende

Figur in dem Friese angebracht worden ist, gerade unter dem Friesobergesimse sich hinzieht (vgl. Abb. 114 und Taf. XXV, 1 und XXVIII). Auch diese Streifen sind, gleich den sitzenden Figuren, die den Fries schmücken. Eindringlinge. Sie sind in die fertige, aus Diagonalgitter, großen Mäanderwickeln und Maskenreihen bestehende Friesfläche eingefügt worden. Der Streit zwischen den beiden Verzierungselementen ist dahin geschlichtet worden, daß die beiden obersten der nach oben immer länger werdenden Querstreifen nur durch die Schlangenköpfe an den Enden repräsentiert sind, während in dem Raume dazwischen die drei mittleren Masken der Querreihe, die unter dem Friesobergesimse sich hinzieht, ihre Stelle haben.

Die die Enden der Streifen bildenden Schlangenköpfe selbst — soweit sie erhalten sind — haben nicht das typische, nach oben gebogene und sich einrollende Schnauzenende des mexikanischen *xiuhcouatl*, sondern (vgl. Abb. 120a und 121) eine nach unten gebogene Nase, wie wir sie an dem *Chac*, dem Regengotte der Maya-Stämme kennen, und wie sie auch die großen Schlangen- oder Wassergottmasken zeigen, die die Fassaden der yukatekischen Bauten schmücken — die »Elefantenrüssel« der älteren Archäologen, von denen ich so viel schon auf diesen Blättern zu sagen hatte.

Die Streifen selbst sind nicht wie an der Fassade des Ostgebäudes der Casa de las Monjas (Taf. VIII) einfach mit einem Gittermuster oder diagonalen Kreuzen gefüllt. Sie tragen (vgl. Abb. 120) Hieroglyphen, die sich den Hieroglyphen astronomischen Charakters, die wir auf den Himmelsschildern der Maya-Handschriften sowie auf den Umrahmungen der Stuckreliefe von *Palenque* finden, anzuschließen scheinen, aber doch sehr eigenartig sind. Eine dem Zeichen *Kin* »Sonne« verwandte Hieroglyphe ist deutlich und die diagonal sich kreuzenden Stäbe. Im übrigen scheinen es in der Hauptsache teils en face, teils im Profil gezeichnete Figuren von Dämonen, insbesondere Vögeln, zu sein, die die Streifen füllen. Nach der Photographie eines Abgusses, den das Peabody-Museum in Cambridge Mass. besitzt, hat Herr Wilhelm von den Steinen mit großer Mühe die einzelnen Formen gezeichnet, die in der Abbildung 120 wiedergegeben sind.

Unter den acht Streifen ist in Abb. 120 ein kurzer neunter, auch Enface-Dämonengesichter tragender Streifen vorhanden, der aber der Schlangenköpfe an den Enden entbehrt, und den ich in Abb. 120b besonders habe abbilden lassen. Er hat offenbar eine ganz andere Bedeutung — die, als Stütze für zwei frei herausragende Schlangenköpfe (?) zu dienen, die ihrer-

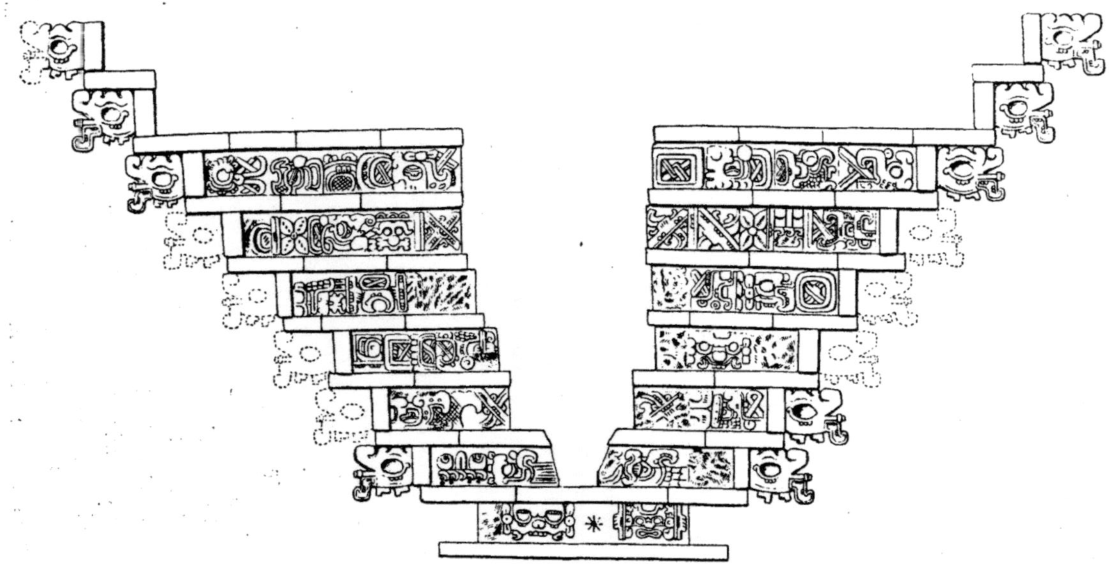

Abb. 120a: *Uxmal.* **Casa del Gobernador.** Mit astronomischen Zeichen bedeckte Streifen, die den Hintergrund abgeben für die große Figur des sitzenden Gottes, der auf dem Friese der Hauptfassade der Ostfront das Mittelstück bildet.
Nach der Photographie eines Gipsabgusses des **Peabody Museum's.**
(An der durch ein Sternchen bezeichneten Stelle sind die stärker herausragenden En-face-Schlangenrachen einzuschalten, die in Abb. 120b vergrößert wiedergegeben sind.)

seits den halbmondförmigen Streifen gewissermaßen tragen, in dem die Haupt- und Mittelfigur sitzt, für die die acht Streifen den Hintergrund abgeben.

Diese Haupt- und Mittelfigur nämlich, die von der Reihe der acht mit Schlangenköpfen an den Enden besetzten Himmelstreifen sich abhebt, ist nicht auf einem Polster sitzend dargestellt, wie die Figuren in der Mitte der seitlichen Verzierungsgruppen, sondern in der Höhlung eines halbkreisförmig gekrümmten Streifens, der auf der Vorderseite mit Edelsteinscheiben verziert ist, und an dessen beiden Enden je ein Schlangenkopf quer herausspringt. (Vgl. Taf. XXVIII, 1, 2). Den Rumpf dieser Figur habe ich in Abb. 122 wiedergegeben. Der Kopfputz und der reiche Federschmuck gleichen denen der andern Gruppen. Die Figur selbst ist mit untergeschlagenen Beinen sitzend dargestellt, hat einen breiten, aus mattenartig dicht aneinandergereihten Edelsteinplättchen bestehenden Halskragen und einen großen Brustschmuck, auf dem im Diagonalkreuz die vier Richtungen der Welt angegeben sind, und scheint vorn am Gürtel

Abb. 120 b. Stärker herausragende En-face-Schlangenrachen unter dem untersten der Schlangenköpfe an den Enden tragenden acht Streifen mit astronomischen Zeichnungen.

Abb. 121. *Uxmal.* Casa del Gobernador. Schlangenköpfe an den Enden der untern der acht Streifen mit astronomischen Zeichen, die den Hintergrund abgeben für die große Figur des sitzenden Gottes, der auf dem Friese der Hauptfassade der Ostfront das Mittelstück bildet.

neinen nach unten hängenden Menschenkopf zu tragen — eine besondere Art der Ausstattung, die an den aus herabhängenden Menschenköpfen bestehenden Halsschmuck der Figuren von *Chaculá* und gewisser Bildwerke von *Chich'en Itzá* erinnert[1]. Mit dem halbkreisförmigen Streifen, in dem sie sitzt, und dem hohen Federputze, der sich über ihrem

[1] Vgl. meine »Gesammelten Abhandlungen zur amerikanischen Sprach- und Altertumskunde« Band V (Berlin 1915), S. 383, 384.

Kopfe erhebt, erstreckt sich die Figur vom ersten bis zum siebenten der mit Schlangenköpfen an den Enden versehenen Himmelstreifen. Unter ihr folgt dann noch der akzessorische Streifen mit den zwei frei herausragenden Gebilden, die wie en face dargestellte Schlangenrachen aussehen und den Halbmond, in dem der Gott sitzt, gewissermaßen tragen.

Wie ich oben sagte, und wie der Grundriß Abb. 105a (oben S. 124) zeigt, ist der Mittelbau der Casa del Gobernador mit den beiden Endflügeln durch zwei ostwestlich orientierte Durchganggewölbe verbunden.

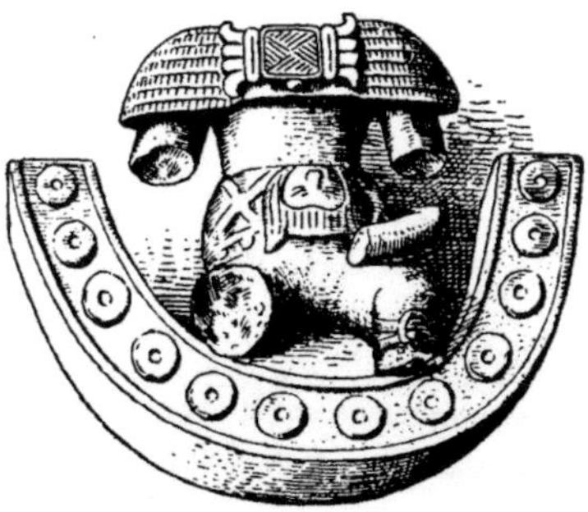

Abb. 122. *Uxmal.* Casa del Gobernador. Figur des sitzenden Gottes, der auf dem Friese der Hauptfassade der Ostfront das Mittelstück bildet. (Die quer vorspringenden Schlangenköpfe an den Enden des halbkreisförmigen Streifens sind in der Zeichnung nicht mit wiedergegeben.)

Die Öffnungen dieser Gewölbe, ihre Giebelfronten, liegen 1.70 m von der Vorder- und Hinterfront der drei Gebäude nach innen in einer nischenartigen Vertiefung (Taf. XXV, 2 und Taf. XXVI), deren Hinterwand von den Mauerwerkzwickeln gebildet wird, die den Raum zwischen den Schmalseiten der drei Gebäude und dem Durchganggewölbe füllen. Diese Gewölbe setzen in einer Höhe von 0.80 m über der Oberkante des Untersatzes der Gebäude, auf und grenzen sich außen gegen diese niedrige senkrechte Wandfläche durch eine 0.06 m vorspringende, 0.22 m hohe Steinreihe ab. Von den Schmalseiten, die der Mittelbau und die beiden Flügelgebäude diesen nischenartigen Räumen zukehren, ist das Friesuntergesims und, wie wir sehen werden, auch die Friesdekoration auf den Hintergrund der Nische, die Giebelfronten der Durchganggewölbe, d. h. auf die Mauerwerkzwickel, die die Durchganggewölbe mit den Schmalseiten der drei Gebäude verbinden, fortgeführt. Die Durchganggewölbe selbst sind durch eine Querwand von etwas über 1 m Dicke in zwei gleiche Hälften geteilt worden, und diese Hälften sind zu Zimmern ausgestaltet worden, indem bis zu der Höhe der Unterkante des Friesuntergesimses der Seitenraum der Durchganggewölbe mit Mauerwerk gefüllt und dieses nach dem Innenraum zu mit einer regelmäßigen Quadersteinwand bekleidet worden ist (vgl. den Aufriß Abb. 123). Vorn ist dieses so geschaffene Zimmer durch eine 0.95 m dicke Mauer geschlossen, in der durch drei Holzbalken eine Tür von 0.87 m Breite hergestellt worden ist. In dem Westzimmer des nördlichen Durchganggewölbes sind zwei dieser Balken noch an ihrer Stelle. In der Wand, die das vordere dieser nachträglich eingebauten Zimmer von dem hinteren trennt, sind vier Löcher angebracht, die wie Pfahllöcher aussehen. Es ist aber klar, daß hier keine Pfähle oder Stangen eingesetzt gewesen sein könnten,

Abb. 123. *Uxmal.* Casa del Gobernador. Das in der Mitte durch eine Mauer in zwei Zimmer geschiedene Durchganggewölbe, zwischen dem Mittelgebäude und dem südlichen Flügelgebäude. Ostfront.

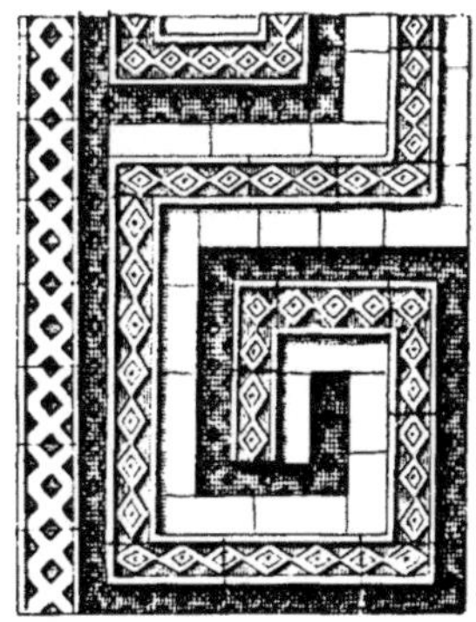

Abb. 124. *Uxmal.* Casa del Gobernador. Verzierte Mäanderwickel auf den Giebelfronten der Durchganggewölbe, d. h. auf den Mauerwerkzwickeln, die die Durchganggewölbe mit den diesen Gewölben zugekehrten Schmalseiten des Mittelgebäudes und der beiden Flügelgebäude bilden.

da die vordern Enden dieser Pfähle oder Stangen in der Luft schweben würden.

Die Stücke der Schmalseiten, die der Mittelbau und die beiden Flügelgebäude diesen nischenartigen Räumen zukehren, und die diese nischenartigen Räume vorn und hinten begrenzen, haben auf ihrem Friesteile eine Verzierung, die aus zwei übereinander gebauten Mäanderwickeln und einer großen Maske darüber besteht. Die gleiche Verzierung weisen die Giebelfronten der Durchganggewölbe, d. h. die verbindenden Mauerwerkzwickel auf, die den Raum zwischen dem Durchganggewölbe und den genannten Schmalseiten (Abb. 123, 124) füllen. Hier sind aber die am stärksten vortretenden Balken der Mäanderwickel mit einem Rautenmuster, die vertieften Teile, der Fond, mit einem diagonalen Gitter gefüllt Das verzierte Band, das diese Mäander wie die Maske darüber, an der der Gewölbeöffnung zugekehrten Seite begrenzt, ist übrigens an Ort und Stelle in die Quadern eingemeißelt worden, während die Mäanderwickel selbst in üblicher Weise, mosaikartig aus stabartigen Steinreihen, die stärker und weniger stark vorspringen, hergestellt worden sind.

Wie das Friesuntergesims, ist auch das abschließende Friesobergesims von den genannten Schmalseiten der Gebäude auf die den Hintergrund der Nischen bildende Giebelfront der Durchganggewölbe fortgeführt worden. Hier sind aber die schräg vorkragenden obersten Steinreihen, die über dem senkrechten Wellenstabe folgen und den letzten Abschluß der Front bilden, durch drei große Masken ersetzt, die übrigens durchaus mit den andern übereinstimmen, die sich an andern Teilen der drei Gebäude finden, ein Zeichen, daß die Umgestaltung der Durchganggewölbe in Zimmer und die Ausschmückung ihrer äußern Giebelfassaden in dieselbe Zeit zu setzen ist, in der auch die gesamten anderen Außenfronten ihre endgültige Ausschmückung erhielten.

Abb. 125. *Uxmal.* Casa del Gobernador. Zeichnung auf der Wand eines der Durchganggewölbe. Nach Teobert Maler.

An der Innenwand eines der Zimmer der Durchganggewölbe sind noch ein paar Zeichnungen zu sehen, die ich nach den von Teobert Maler gemachten Kopien in Abb. 125 wiedergebe. Es sind Figuren von Kriegern oder Leuten in reicher Tracht, denen augenscheinlich alte Vorbilder zugrunde liegen, deren Wiedergabe aber doch zeigt, daß der Zeichner die Besonderheiten von Gesichtsbildung, Tracht und Ausstattung nicht mehr verstand, oder daß ihm die Schulung fehlte, die Einzelheiten aufzufassen und richtig wiederzugeben.

XII. Schildkrötenhaus — Casa de las Tortugas.

Ich habe oben schon gesagt, daß die Hauptterrasse, der die Gipfelterrasse der Casa del Gobernador aufgesetzt ist, und die an der Ostseite der Casa del Gobernador den Vorhof für dieses Gebäude bildet, auch an der Westseite der Gipfelterrasse sich noch um 26 m vorschiebt und an der Nordostecke mit einem Risalit noch um weitere 26 m vorspringt. Auf diesem nordwestlichen Teile der Hauptterrasse, wo diese Terrasse steil und hoch in das vorliegende Gelände abstürzt, liegt, mit der Front nach Norden, ein Gebäude, dessen Fassade und Grundriß auf Taf. XXIX und in Abb. 126 wiedergegeben ist. Man hat es Casa de las Tortugas genannt, nach den kleinen Schildkrötenfiguren, die an dem Mittelgliede (der senkrecht vorkragenden Steinreihe) des Friesobergesimses angebracht sind. Es ist offenbar ein Nebengebäude für das Hauptgebäude der Casa del Gobernador. Das ergibt sich aus seiner Lage, da es gewissermaßen nur von hinten zu erreichen ist, indem keine Treppe zu seiner Front emporführt, obwohl diese Front ziemlich nahe an dem Absturze der Terrasse liegt. Das gleiche ergibt sich, meiner Auffassung nach aber auch aus dem Umstande, daß der Fries die Halbsäulchenverzierung aufweist, die, wie ich oben auseinandergesetzt habe, den winddurchlässigen, aus Pfählen und Stangen zusammengebundenen Hüttenwänden der yukatekischen Wohn- und Küchenhäuser entspricht.

Abb. 126. Uxmal. Casa de las Tortugas. Grundriß.

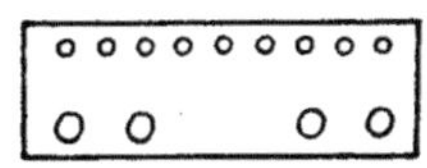

Abb. 127. Uxmal. Casa de las Tortugas. Verteilung der Pfahllöcher.

Der Bau besteht in der Mitte — das ist ein seltener Fall — aus drei hintereinander liegenden ostwestlich orientierten Gewölben, die durch Türen miteinander in Verbindung standen, und je zwei nordsüdlich orientierten Gewölben, die an dem Ost- und dem Westende anschließen. Die senkrechte Wandhöhe beträgt 2.45 m. Der Fußboden der Hinterzimmer ist um 0.12 m gegen den der Vorderzimmer erhöht. Einige Gemächer haben im Hintergrunde niedrige Erhöhungen. Die Gewölbe sind hoch, an den Seiten etwas bauchig. Nahe der Unterkante des Gewölbes oder in der Wand unter der Unterkante sieht man jederseits zwei große runde Pfahllöcher, unter der Oberkante, symmetrisch angeordnet, in den Ost-West-Gewölben 9, in den Nord-Süd-Gewölben 6 Pfahllöcher (Abb. 127). An den Außenwänden sind oben, unregelmäßig verteilt, ausgemeißelte viereckige Löcher (Luftlöcher?) vorhanden. An den breiten, die eigentliche Türöffnung einschließenden Pfosten ist oben je eine kleine napfförmige Vertiefung zu sehen.

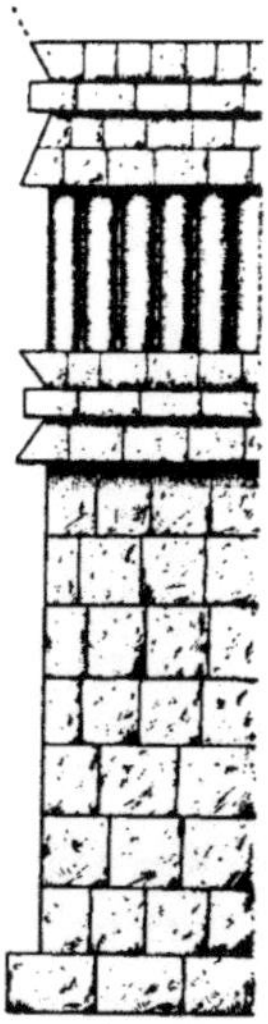

Abb. 128. *Uxmal.* Casa de las Tortugas. Aufbau der Fassade.

Die Außenseite (vgl. Abb. 128) ist einfach gehalten. Der Untersatz besteht nur aus einer einzigen Steinreihe von 0.30 m Höhe. Die Wand ist eine glatte Quadersteinwand. Das Friesuntergesims hat die gewöhnliche Form. Der Fries besteht aus langen glatten Halbsäulen ohne Verkröpfung. Das Friesobergesims setzt sich aus zwei unteren schräg vorkragenden, einer senkrecht vorkragenden und vermutlich drei oben in entgegengesetztem Sinne schräg vorkragenden Steinreihen zusammen, die den Abschluß bilden. Auf der senkrechten Steinreihe sitzen die kleinen steinernen Schildkröten auf, von denen das Haus seinen Namen bekommen hat. — Der ganze Bau ist ziemlich zerstört, wenn er auch beträchtlich länger ausgehalten hat, als ihm Stephens in Aussicht stellen zu müssen glaubte.

XIII. Der Friedhof — El Cemeterio.

Wie ich oben schon beschrieben habe, liegt vor dem Nordgebäude der Casa de Palomas, etwa 8 m tiefer, eine rechtwinklig begrenzte Terrasse von etwa 70 Schritt Länge und Breite. Diese fällt nach N und nach W nahezu senkrecht zu einem tiefer liegenden Boden ab, streckt aber nach Norden zwei schmale Arme aus, die zusammen mit der Nordseite der Terrasse einen auf drei Seiten von geschlossenen Reihen von Gebäuden umgebenen vertieften Hof bilden. In der Mitte dieses Hofes und weiterhin, anscheinend unregelmäßig zerstreut, finden sich eine Menge anderer Baureste, Häuser mit einem Säulchenfriese, Hügel von Pyramidengestalt u. dgl. m. Hierzu gehört auch die Gruppe, die unter dem Namen Cemeterio »Friedhof« bekannt ist, weil hier Skulpturstücke sich finden, auf denen, unter einer Hieroglyphenreihe, Schädel, gekreuzte Totenbeine und *ahau*-artige Zeichen dargestellt sind. Die Gruppe liegt nordwestlich von der Casa de Palomas und ziemlich genau westlich vom Ballspielplatze.

Es ist eine Art Hof von 70—80 Schritt nordsüdlicher, 70 Schritt ostwestlicher Länge. Auf zwei Seiten, der östlichen und der südlichen, ist er von einem zusammenhängenden Steinwalle umgeben. Von der östlichen Hälfte dieses Walls springt, etwas exzentrisch, ein Steinhügel nach innen vor.

An der Nordseite bildet eine ansehnliche Steinpyramide den Abschluß (Taf. XXX, 1). Von der Tiefe des Hofes führt eine noch gut erhaltene 16 m breite Treppe, von der ich 36 Stufen zählte, auf die obere Plattform. Dort sind einige Baureste vorhanden, deren Bedeutung aber schwer zu bestimmen ist. Auf einer niedrigen Terrasse in der Mitte der Plattform erheben sich nebeneinander zwei Aufmauerungen, von denen aber die eine, die östliche, um 1.50 m weiter gegen die Treppe vorgeschoben ist.

Abb. 129 b. *Uxmal.* Cemeterio. Pfahllöcher in den Gewölben des Gebäudes an der Westseite des Hofes.

Abb. 129 a. *Uxmal.* Cemeterio. Grundriß des Gebäudes auf der Pyramide an der Westseite des Hofes.

Auf der Westseite erhebt sich ein zweiter Hügel, der auch von dem Walle der Süd- und Ostseite getrennt bleibt und zu dem ebenfalls von der Tiefe des Hofes eine Treppe emporführt. Oben lagen auf einer Plattform drei Häuser (Taf. XXX, 2), ein größeres in der Mitte, das vorn (nach Osten) drei Türen und nach der Südseite eine Tür hatte. Südlich davon ein kleineres, von dem aber nur noch zwei Wände stehen. Und nach Norden scheint ein anderes, ähnliches gestanden zu haben, von dem aber nur noch die Grundmauerreste zu sehen sind (vgl. den Grundriß Abb. 129a). Die Häuser sind aus großen Quadersteinen aufgeführt. Die Wandhöhe beträgt 2.44 m. Die Gewölbe sind nordsüdlich orientiert, ziemlich niedrig, die Seiten sanft gewölbt. Pfahllöcher sind acht vorhanden (Abb. 129b). in zwei Reihen, einer unteren und einer oberen, ziemlich regelmäßig verteilt. Die Türen sind durch je zwei Holzbalken gebildet, von denen wenigstens der eine noch über allen Türen liegt. Die beiden äußern Türen der Vorderfront sind mit denselben großen Quadersteinen, aus denen das ganze Haus aufgebaut ist, vermauert. Ringsteine für die Schnur eines Vorhangs sind oben zu beiden Seiten der Türe vorhanden. Oben in der Wand endlich ist nahe den Enden jederseits ein viereckiges Luftloch ausgemeißelt.

An der Außenfront des Hauptgebäudes in der Mitte (Abb. 130) ist ein Untersatz zu unterscheiden, der an der Hinterfront, hinter der der Hügel steil zu dem Talboden absteigt, aus zwei senkrechten Steinreihen besteht, einer stärker vorspringenden von 0.21 m und einer hinter dieser etwas zurückbleibenden, aber immer noch vorkragenden Steinreihe von 0.42 m Höhe. Die Wand besteht aus sechs Quadersteinreihen und ist glatt und unverziert. Bis zur Unterkante der obersten Quadersteinreihe, die in 2.13 m Höhe erreicht wird, ragen die Türpfosten. Das Friesuntergesims besteht aus zwei Gliedern, einer schräg vorkragenden Steinreihe und einer senkrecht vorkragenden Reihe, beide von annähernd gleicher Höhe (0.17 m) und 0.20 m über die Wand hervorragend. Der Fries springt etwas über die Wand vor und besitzt ebenfalls nur eine glatte Quadersteinbekleidung. Das Friesobergesims zeigt dieselben zwei Glieder wie das Untergesims, eine untere senkrechte Steinreihe und eine obere, in entgegengesetztem Sinne schräg vorkragende Reihe größerer Steinplatten. Über diesem Friesobergesims setzt noch eine Zierwand auf, eine glatte Quadersteinwand mit viereckigen fensterartigen Durchbrechungen in der ganzen Höhe der Wand, oben gesimsartig durch eine senkrecht vorkragende Steinreihe abgeschlossen. Durch diese Zierwand wurde Stephens veranlaßt, das Haus als ein zweistöckiges zu bezeichnen. Außen war der ganze Bau mit Stuck überzogen und rot bemalt, wie die Westgebäude der Casa de Palomas, an die das Westgebäude des Cemeterio überhaupt in mancher Weise erinnert. Auch an der Außenseite dieses Hauses sind oben zu beiden Seiten der Türe Ringsteine für die Schnur eines Türvorhangs vorhanden. In das zweite Glied des Friesuntergesimses, in die Fläche des Frieses und in die Zierwand sind vorspringende Steinzapfen eingesetzt, die vielleicht als Stützen für einen Figurenschmuck dienten.

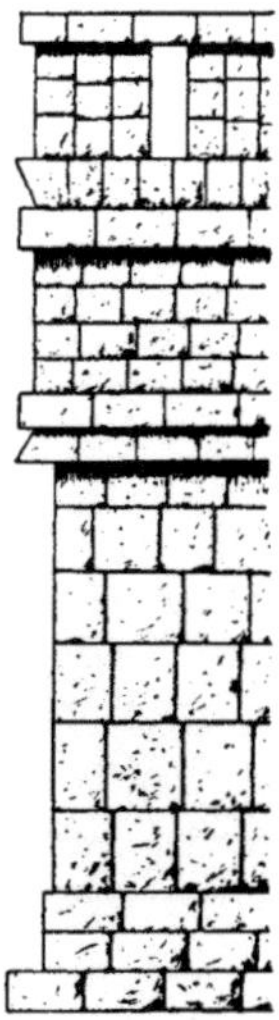

Abb. 130.

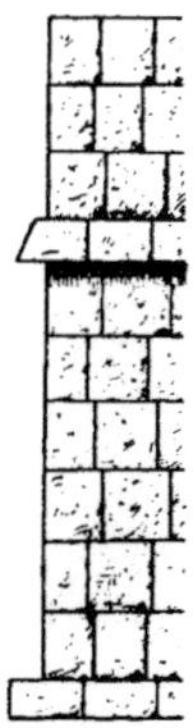

Abb. 131.

Uxmal. Cemeterio. Häusergruppe auf der Pyramide an der Westseite des Hofes.

Abb. 130. **Aufbau der Fassade des Hauptgebäudes in der Mitte.**

Abb. 131. **Aufbau der Fassade des südlichen Nebengebäudes.**

Bei dem kleinen südlichen Gebäude (Abb. 131) besteht das Friesuntergesims nur aus einer einzigen schräg vorkragenden Steinreihe. Die Wandfläche und der Fries sind glatt. Der letztere springt nicht, wie der des Hauptgebäudes, über die untere Wandfläche vor.

Von dem Fuße der Pyramide, die sich an der Nordseite des Hofes erhebt, schiebt sich in der ganzen Breite der Pyramide eine niedrige Terrasse zehn Schritte weit in den Hof vor. In der Mitte, vor dem Treppenaufgange zur Pyramide, hat sie einen rechtwinkligen Ausschnitt, durch den sie sich bis auf vier Schritt verkürzt. Dort führen vom Hofe aus drei Stufen hinauf. Vor diesem Ausschnitte sieht man in der Ebene des Hofes Skulpturstücke, die zwei Seiten, Süd- und Ostseite, eines Vierecks bilden (vgl. Taf. XXXI, XXXII).

Die Reihe beginnt an dem Westende der Südseite des Vierecks mit einem Steine, der wie ein *Tlachtemalacatl* — ein Ringstein, der in der Seitenwand eines Ballspielplatzes eingezapft war — aussieht. Er zeigt an dem Außenrande eine kniende menschliche Figur, deren Kopf von dem Kopfe eines Hirsches überragt ist, und die mit einer Schnur, die ihr über die Hüfte geht, an diesem Steine gleichsam festgebunden ist. Ich habe diesen Stein Taf. XXXIV, 1 noch besonders wiedergegeben.

Der zweite Stein ist eine Art Säulentrommel, mit Zapfen an den beiden Enden, die an den beiden Rändern des Zylinders mit je einer Hieroglyphenreihe verziert und mit einem vorspringenden Kopfe (Vogelkopfe?) versehen ist, dessen Schulter- und Brustschmuck als Flachrelief auf dem Zylindermantel ausgearbeitet ist.

Die andern Steine der Süd- und Ostseite des Vierecks (Taf. XXXI, 1, 2; Taf. XXXII, 1, 2) gehören zusammen. Sie haben viereckige Gestalt und gleiche Höhe, sind oben mit einem Bande Hieroglyphen von Maya-Charakter versehen und zeigen auf der Hauptfläche 1. Schädel eigenartiger Zeichnung; 2. einfache oder doppelte oder in der Art eines Salomonsiegels miteinander verflochtene gekreuzte Totenbeine, denen auch kleine Scheiben angefügt sind oder beutelartige oder blumenblattartige Ausbuchtungen, die dem ganzen Gebilde das Anseln einer Blume geben; 3. Gebilde von kreisrundem Umriß, die innen die Linien des Zeichens *ahau*, außen eine mit knopfförmigen Vorsprüngen versehene Umhüllung haben, von der ein kurzes, wie ein abgerissenes Sehnenende aussehendes Stück nach oben springt. Das ganze Gebilde dürfte als ein ausgerissenes Auge, aber vielleicht auch als ein ausgerissenes Herz zu deuten sein. — In besonderer Weise sind die Stücke verziert, die die Ecken der Vierecke bildeten. Diese haben das Hieroglyphenband an derselben Stelle, oben am Rande, wie die andern Skulpturstücke. Darunter aber ist ein Schädel in umgekehrter Stellung mit dem Scheitel nach unten ausgemeißelt worden, umgeben von vier Gebilden der dritten Klasse, die, wie ich sagte, vermutlich ausgerissene Augen oder Herzen darstellen, ebenfalls in umgekehrter Stellung.

Die Schädel und die gekreuzten Totenbeine sind die Veranlassung gewesen, daß die Bewohner der Gegend der ganzen Gruppe den Namen Cemeterio »Friedhof« gegeben haben. Eine zweite Gruppe ähnlicher Skulpturen sind in der Mitte des Hofes aufgereiht (Taf. XXXIII, 1). Hier ist es aber klar, daß diese nicht an ihrem ursprünglichen Platze sich befinden, denn sie stehen sämtlich verkehrt, mit dem Hieroglyphenbande nach unten, und auch die Gebilde der dritten Klasse mit der *ahau*-Zeichnung in umgekehrter Stellung. Eine dritte Gruppe (Taf. XXXIII, 2) befindet sich in dem südlichen Teile des Hofes. Es ist mir wahrscheinlich, daß die Skulpturen dieser beiden andern Gruppen an der West- und der Nordseite des Vierecks standen, dessen Süd- und Ostseite die Steine bildeten, die Taf. XXXI und XXXII wiedergegeben sind, und die, wie ich glaube. noch an ihrer ursprünglichen Stelle im nördlichen Teile des Hofes vor dem Aufgange zu der niedrigen Terrasse und der zu dem Gipfel der Nordpyramide führenden Treppe sich befinden.

Außer diesen Skulpturen sieht man an der Ostseite der ersten Gruppe (Taf. XXXI, 2 u. XXXII, 1) noch zwei Bruchstücke großer steinerner Schlangenleiber viereckigen Querschnittes. Sie sind von früheren Besuchern offenbar zum Zwecke der Aufnahme auf die andern Skulpturen getürmt worden und von andern wieder heruntergewälzt worden. Auf der Seite, die in der Photographie dem Beschauer zugekehrt ist, erkennt man die schmalen Bauchringe des Schlangenleibes. Der Rücken und die Seiten sind mit Rhombenflecken, die mit gekreuzten Linien gefüllt sind, gezeichnet — den schwarzen Flecken entsprechend, mit denen in den Handschriften die Schlangenleiber dargestellt zu werden pflegen.

Rätselhaft ist der mit drei Löchern versehene Stein, den ich auf Taf. XXXIV, 2 wiedergegeben habe. Er steht im östlichen Teile des Hofes.

Ganz ähnliche mit Schädeln und gekreuzten Totenbeinen verzierte Steine sind, wie Stephens angibt, auch in *Nohpat* östlich von *Uxmal* gefunden worden.

Nach Süden von Cemeterio ist auch noch alles voll von alten Bauten. Es ist eine weite Doline, aus der sich hier und da Hügel erheben, die alle, soweit ich sie habe aufsuchen können, wenn nicht ganz künstlich, so doch künstlich zugerichtet sind. Darunter große Komplexe, die, von weitem gesehen, mächtig über die gleichmäßige Waldbedeckung emporragen. Eine genauere Durchforschung wird da noch manches zutage fördern, und mehr noch wird zu erwarten sein, wenn die Durchforschung auch das unter dem Boden Liegende zum Ziele nehmen wird. Ich gebe in Abb. 132 und 133 den Grundriß und Aufriß eines Gebäudes wieder, das in dieser Gegend, genau westlich vom Nordgebäude der Casa de Palomas, im Walde vergraben ist. Es besteht aus zwei nordsüdlich orientierten Doppelgewölben, die jederseits in drei Zimmer geteilt und durch ein 6 m langes, ostwestlich orientiertes Durchganggewölbe verbunden sind. Der Untersatz ist verschüttet. Die Wand ist eine glatte Quadersteinwand. Das Friesuntergesims hat die gewöhnliche Form. Auf dem Friese wechseln glatte Wandstücke mit Gruppen von je vier langen, in der Mitte eine Verkröpfung aufweisenden Halbsäulen. Von dem Friesobergesimse ist nur die unterste schräg vorkragende Steinreihe erhalten.

Abb. 132. *Uxmal.* Kleines Gebäude im Westen des Nordgebäudes der Casa de Palomas. Grundriß.

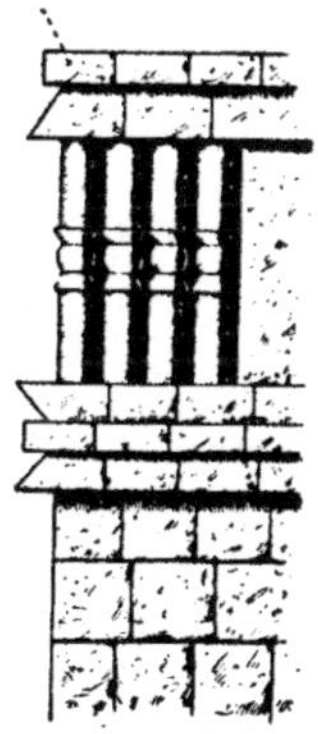

Abb. 133. *Uxmal.* Kleines Gebäude im Westen des Nordgebäudes der Casa de Palomas. Aufbau der Front.

XIV. Hieroglyphenpfeiler und Phallussteine.

Ähnlich ziehen auch östlich und südlich von dem Hauptruinenkomplexe sich Gebäude hin. Eines, das der Casa del Gobernador benachbart ist, ist durch eine hochaufragende Zierwand ausgezeichnet. Das Volk nennt es deshalb »Iglesia« (Kirche). Stephens[1] führt es als die Casa de la Vieja auf, so genannt nach einer ziemlich verstümmelten Figur, die vor diesem Gebäude lag, und die angeblich eine alte Frau darstellte.

Ziemlich genau südlich von der Iglesia, auf der Ostseite und nicht weit von der Fahrstraße, die von *Uxmal* an der Casa del Adivino vor-

[1] Incidents of Travel in Yucatan. New York 1843. Vol. I, p. 320.

bei nach Santa Elena führt, ist ein kleiner Gebäudekomplex, in dessen Hofe in der Mitte, statt des rohen unbearbeiteten »Picote«, der in den Höfen anderer *Uxmal*-Bauten zu sehen ist, ein sorgfältig bearbeiteter, mit Hieroglyphen am oberen Rande und auf der Vorderfläche versehener zylindrischer Stein sich befindet. Ich habe diesen Stein Taf. XXXV, 1 wiedergegeben. Die Hieroglyphen sind von Maya-Charakter, sind aber noch nicht entziffert. Der Stein steht auf dem Kopfe. Man hat ihn vermutlich von seiner Stelle gehoben, um darunter nach Schätzen zu graben. Die Gebäude, die um den Hof liegen, sind einfach und unverziert.

Nahe an derselben eben genannten Straße endlich, die von der Hacienda *Uxmal*, an der Casa del Adivino vorbei, nach Santa Elena führt, findet sich im Walde, ohne Verbindung mit irgendwelchen baulichen Resten, eine Gruppe aufrecht eingegrabener steinerner Phalli, für die Teobert Maler den — auch aus dem Wörterbuche von *Motul* belegten — Namen *xcép tunich* angibt (vgl. Taf. XXXV, 2). Eine Tradition über diese Steine existiert nicht. In der Erzählung der Wanderungen des mexikanischen Heros *Quetzalcouatl*, die nach dem *Tlapallan*, dem Lande des Sonnenaufgangs, gerichtet waren, wird berichtet, daß dieser Gott, außer andern Taten, die er vollbrachte, auch einen großen Phallusstein (*centetl vei tepoltetl*) an einer gewissen Stelle in den Boden pflanzen ließ, von dem erzählt wird, daß man ihn mit dem kleinen Finger in Bewegung setzen könne, daß er aber nicht sich bewege, wenn viele sich an ihn machen, gleichzeitig ihn in Bewegung zu setzen sich bemühen[1]. Sonst sucht man in den Historien vergebens nach einer Notiz über solche Steine, die doch gewiß das Interesse auch der Spanier erweckt haben werden. Nur so viel läßt sich sagen, daß dieses Vorkommen in *Uxmal* kein vereinzeltes ist. Teobert Maler hat noch zwei solcher, aber vereinzelt stehender Phalli aufgefunden, die beinahe die Höhe eines ausgewachsenen Mannes erreichen. Der eine steht in *Xkoben haltun*, 2½ Leguas südwestlich von *Xūl*, der andere in *Xkom ch'en*, nordwestlich von *Xūl*. Beide ragen ebenfalls einsam im Walde auf, fern von andern baulichen Resten, — eines der Geheimnisse mehr, die das grüne Laubmeer von Yucatan deckt.

---

[1] Fr. Bernardino de Sahagun, Historia General de las cosas de Nueva España, lib. 3, cap. 14 (MS. Biblioteca Laurenziana, Florenz).

Berlin, gedruckt in der Reichsdruckerei.

1.

2.

Uxmal. Casa de Palomas. Nordseite des Hofes. 1. Innenfront (Hauptfront); 2. Mitte der Außenfront. Aufnahmen von Teobert Maler.

Seler: Die Ruinen von Uxmal.

Taf. I.

1.

2.

Uxmal. Der »namenlose Hügel«, der hohe Steinhügel an der Ostseite des Systems der Casa de Palomas.

1. Südwestecke. Aufnahme von Caecilie Seler. 2. Gipfelfläche. Aufnahme von Eduard Seler.

Seler: Die Ruinen von Uxmal.

Taf. II.

1.

2.

Uxmal. Der »namenlose Hügel« an der Ostseite des Systems der Casa de Palomas.

1. Maske in der Mitte der Westseite der untern der beiden Gipfelterrassen. Aufnahme von Caecilie Seler.
2. Schachbrettartige Wandbekleidung der Westseite der untern der beiden Gipfelterrassen Aufnahme von Caecilie Seler.

Seler: Die Ruinen von Uxmal.

Taf. III.

1.

2.

Uxmal. Casa de las Monjas. Südgebäude.
1. Durchganggewölbe von außen (Süden). 2. Östlicher Flügel von der Innen- oder Hofseite (Norden).
Aufnahmen von Caecilie Seler.

Seler: Die Ruinen von Uxmal.

Taf. IV.

Uxmal. Casa de las Monjas. Ostgebäude. Innenfront, dem Hofe und dem Westen zugekehrt.
Hinter dem südlichen Ende wird die hohe Pyramide der Casa del Adivino sichtbar.
Aufnahme von Teobert Maler.

Seler: Die Ruinen von Uxmal.

Taf. V.

Seler: Die Ruinen von Uxmal.

Taf. VI.

1.

2.

Uxmal. Casa de las Monjas. Ostgebäude.

1. Das vordere der beiden großen Mittelzimmer und der Eingang in das südliche kleine Quergemach. Aufnahme von Teobert Maler.
2. Dasselbe und der Eingang in das nördliche kleine Quergemach. Aufnahme von Caecilie Seler.

1.

2.

Uxmal. Casa de las Monjas. Ostgebäude.
1. Südseite der Maskensäule an der Südwestecke. 2. Maskensäule an der Nordostecke.
Aufnahmen von Caecilie Seler 1903 und 1911.

Uxmal. Casa de las Monjas. Ostgebäude.
Mittlere Partie der Westfront, mit der Maskensäule über der Türe zu dem großen Mittelzimmer.
Aufnahme von Teobert Maler.

Seler: Die Ruinen von Uxmal.

Taf. VIII.

1.

2.

Uxmal. Casa de las Monjas. Westgebäude.
1. Nördliche Schmalseite. (Im Hintergrunde das Südgebäude, die Casa de Tortugas und die Casa del Gobernador.) — 2. Fries des Westendes der Nordseite (Nordwestecke). (Im Hintergrunde das Gebäude des Cemeterio.) Aufnahmen von Caecilie Seler.

Seler: Die Ruinen von Uxmal.

Taf. IX.

Uxmal. Casa de las Monjas. Westgebäude. 1. Ostfassade (Hauptfront). Nach von Waldeck (1835).

a *b* *c* *d*

2 a, b, c. Masken, die dem Friese der Hauptfront des Westgebäudes eingesetzt waren. Nach von Waldeck (1835).

Seler: Die Ruinen von Uxmal.

Taf. X.

1.

2.

Uxmal. Casa de las Monjas. Westgebäude.
1. Friesrest am nördlichen Ende der Hauptfront (Ostfront). — 2. Friesrest am südlichen Ende der Hauptfront.
Aufnahmen von Teobert Maler.

Seler: Die Ruinen von Uxmal.

Taf. XI.

1.

2.

Uxmal. Casa de las Monjas. Nordgebäude.

1. Hinterfront (Nordfront): die neue vorgelegte Fassade. Aufnahme von Teobert Maler.
2. Östliche Schmalseite. Hinter dem Gurtgesimse der neuen vorgebauten Fassade wird das mit einer Zickzacklinie verzierte Gesimse der alten ummantelten sichtbar. Aufnahme von Caecilie Seler.

Seler: Die Ruinen von Uxmal.

Taf. XII.

Uxmal. Casa de las Monjas. Nordgebäude. Hauptfassade (Südfront).
Zweite bis achte Tür (von Westen aus gerechnet) mit den Maskensäulen B – D über der dritten, fünften und siebenten Tür.
Aufnahme von Teobert Maler.

Seler: Die Ruinen von Uxmal.

Taf. XIII.

Uxmal. Casa de las Monjas. Nordgebäude.
Hauptfassade (Südfront). Dritte bis fünfte Tür mit den Maskensäulen B und C.
Aufnahme von Teobert Maler.

Seler: Die Ruinen von Uxmal.

Taf. XIV.

Uxmal. Casa de las Monjas. Nordgebäude.
Hauptfassade (Südfront). Fünfte bis siebente Tür mit den Maskensäulen C und D.
Aufnahme von Teobert Maler.

Seler: Die Ruinen von Uxmal.

Taf. XV.

Uxmal. Casa de las Monjas. Nordgebäude.
Hauptfassade (Südfront). Elfte Tür (von Westen aus gezählt) und Maskensäule F.
Aufnahme von Teobert Maler.

Seler: Die Ruinen von Uxmal.

Taf. XVI.

Hacienda *Yax ché.* Dorfhäuser. Aufnahmen von Eduard Seler.

Seler: Die Ruinen von Uxmal.

Taf. XVII.

Uxmal. In der Mitte des Bildes, im Hintergrunde, die Casa del Adivino. Zur Linken (vom Beschauer) die südliche Schmalseite des Ostgebäudes der Casa de las Monjas. Zur Rechten das Gurtgesims und der Säulchenfries der Hinterseite der einen Casa de los pájaros. Aufnahme von Teobert Maler.

Seler: Die Ruinen von Uxmal.

Taf. XVIII.

1.

2.

Uxmal. Casa del Adivino. 1. Die Pyramide mit der das Erdgeschoß überbrückenden Treppe, dem Mittelbaue und dem Gipfelgebäude. 2. Reste der Fassade des Erdgeschosses und der Fuß der sie überbrückenden Treppe. Aufnahmen von Caecilie Seler.

Seler: Die Ruinen von Uxmal.

Taf. XIX.

2.

1.

Uxmal. Casa del Adivino. Erdgeschoß.

Eingang in den Tunnel, der durch das die Treppe tragende, die Fassade überbrückende Gewölbe gebildet wird.

1. Vor der Ausräumung. Aufnahme von Traeger (Puebla). — 2. Nach der Ausräumung. Aufnahme von Caecilie Seler.

Seler: Die Ruinen von Uxmal.

Taf. XX.

Seler: Die Ruinen von Uxmal.

Taf. XXI

1

2

Uxmal. Casa del Adivino. Gipfelgebäude.

1. Wand- und Friesfläche des mittleren Teils der Hauptfassade (Westfront). Aufnahme von Teobert Maler.
2. Ein Quadrant dieser Wand- und Friesfläche nach einer Zeichnung von Waldeck's.

2

1.

Uxmal Reste der beiden in den Mitten der Seitenwände des Ballspielplatzes befestigten Steinringe (mex. *tlachtemalacatl*).
1. Nordseite des Ringes in der Ostwand. — 2. Südseite des Ringes in der Westwand.
Aufnahmen von Caecilie Seler.

Seler: Die Ruinen von Uxmal.

Taf. XXII.

1.

2.

Uxmal. Casa del Gobernador.

1. Vorderansicht (Ostfassade), im Vordergrunde der »Picote« in der Mitte der vorgelagerten Terrasse. — 2. Rückansicht (Westfassade).

Aufnahmen von Teobert Maler.

Seler: Die Ruinen von Uxmal.

Taf. XXIII.

Uxmal. Casa del Gobernador.
Das vordere der beiden großen Zimmer (F) in der Mitte des Mittelbaues.
Aufnahme von Teobert Maler.

Seler: Die Ruinen von Uxmal.

Taf. XXIV.

1.

2.

Uxmal. Casa del Gobernador. Vorderfront (Ostfassade).
1. Mitte und südlicher Flügel des Mittelgebäudes. — 2. Das ehemalige Durchganggewölbe, das das Mittelgebäude mit dem südlichen Flügelgebäude verbindet.
Aufnahmen von Teobert Maler.

Seler: Die Ruinen von Uxmal.

Taf. XXV.

Uxmal. Casa del Gobernador. Hinterseite, Westfront.
Nische des ehemaligen Durchganggewölbes, das das nördliche Flügelgebäude mit dem Mittelgebäude verband.
Aufnahme von Teobert Maler.

Seler: Die Ruinen von Uxmal.

Taf. XXVI.

1.

2.

Uxmal. Casa del Gobernador. Vorderfront (Ostfassade).

1. Reste der Götterfigur in der Mitte des Frieses des südlichen Flügels des Mittelgebäudes.
2. Reste der Götterfigur in der Mitte des Frieses des nördlichen Flügels des Mittelgebäudes.

Aufnahmen von Auguste Le Plongeon.

1.

2.

Uxmal. Casa del Gobernador. Vorderfront (Ostfassade).
Reste der Götterfigur in der Mitte des Frieses des Mittelgebäudes, auf acht doppelköpfigen Schlangen angebracht, deren Leiber mit Hieroglyphen und astronomischen Zeichen bedeckt sind.
Aufnahmen von Caecilie Seler 1911.

Seler: Die Ruinen von Uxmal.

Taf. XXVIII.

Uxmal. Casa de las Tortugas. Ostende der Nordseite (Hauptfassade).
Aufnahme von Caecilie Seler.

Seler: Die Ruinen von Uxmal.

Taf. XXIX.

1.

2.

Uxmal. Cemeterio.
1. Künstlicher Hügel an der Nordseite des Hofes.
2. Gebäudegruppe auf der Pyramide an der Westseite des Hofes.
Aufnahmen von Caecilie Seler.

Seler: Die Ruinen von Uxmal.

Taf. XXX.

1.

2.

Uxmal. Cemeterio. Erste (nördliche) Skulpturengruppe.
1. Westhälfte der Südseite des Steinplattenvierecks. — 2. Osthälfte derselben.
Aufnahmen von Caecilie Seler.

1.

2.

Uxmal. Cemeterio. Erste (nördliche) Skulpturengruppe.
1. Südostecke des Steinplattenvierecks. — 2. Ostseite desselben.
Aufnahmen von Caecilie Seler.

Seler: Die Ruinen von Uxmal.

Taf. XXXII.

Uxmal. Cemeterio. Zweite Skulpturengruppe in der Mitte des Hofes.
(Die Platten stehen verkehrt, mit dem oberen Rande nach unten.)
Aufnahme von Teobert Maler.

Skulpturengruppe in dem südlichen Teile des Hofes.
Aufnahme von Teobert Maler.

Seler: Die Ruinen von Uxmal.

Taf. XXXIII.

1.

2.

Uxmal. Cemeterio.

1. Ballspielring? Steht frei am Westende der Südseite der ersten (nördlichen) Skulpturengruppe. — 2. Dreimal durchlochter Stein, nahe der Ostseite des Hofes.

Aufnahmen von Caecilie Seler.

Seler: Die Ruinen von Uxmal.

Taf. XXXIV.

1 *Uxmal.* »Picote« mit Hieroglyphen. Aus dem Hofe einer kleinen Gebäudegruppe im Süden der Iglesia, links vom Wege nach Santa Elena. Aufnahme von Caecilie Seler 1907.

2. *Uxmal.* Steinerne Phalli (*xceptúnich*). Im Walde nahe der Straße nach Santa Elena. Aufnahme von Caecilie Seler 1907.

Seler: Die Ruinen von Uxmal.

Taf. XXXV.

Dresdner Handschrift, Blatt 25.

A. eb, der letzte Tag der *lamat*-Jahre des Südens. Die Beutelratte bringt *Chac*, den Regengott, den Vertreter und Genossen *Ah bolon tz'acab's*, des Wassergotts. — *B. ben*, der erste Tag der nach ihm benannten Jahre des Ostens. Ihr Regent, *Ah bolon tz'acab*, der Wassergott, auf seinem Throne. — *C. Kinch ahau*, der Sonnengott, der Gott der *e'tznab*-Jahre des Nordens, räuchert vor *Kan uuayeyab*, dem Unheildämon der *been*-Jahre des Ostens.

Seler: Die Ruinen von Uxmal.

Taf. XXXVI.